BOILE

# les
# victimes

Éditions J'ai Lu

Toute ressemblance éventuelle avec des personnages existants serait l'effet d'une pure coïncidence.

Comment l'idée me vint-elle que Manou m'avait trompé? Une heure plus tôt, je pensais à elle avec tristesse, parce que des milliers de kilomètres nous séparaient, parce que je ne savais pas si elle se déciderait à nous rejoindre, et aussi parce que l'amour est triste, dès qu'il s'interroge. Mais je n'étais pas encore malheureux. Je souffrais comme d'habitude, en somme, ni plus ni moins. Je ne sais plus qui a inventé l'histoire des flèches de l'amour. On n'a jamais rien dit de plus vrai. Seulement, ce n'est pas une vérité aimable. C'est une vérité atroce. Depuis deux semaines, minute après minute, je sentais, en plein ventre, le déchirement de la séparation. Pourtant, Manou m'aimait. J'aurais dû être heureux. Je l'étais, tant qu'elle restait avec moi. Dès que j'ouvrais les bras pour la laisser partir, le supplice commençait, si insoutenable, parfois, que je cherchais l'air, bouche béante, comme un moribond. Et je commençais à l'attendre. Au bureau, dans la rue, à table, au téléphone, je l'attendais. Manou! J'étais comme un chien sans maître. Je songeais, en usant chaque heure, en m'usant contre chaque heure : « C'est cela, le bonheur. Jamais tu n'aimeras plus fort! Souffre bien, mon bonhomme. Applique-toi. » Je marchais de long en large dans ma chambre. Je ne prenais plus l'autobus. J'avais toujours besoin de marcher. L'amour, cela consiste à faire les cent pas. Mes doigts étaient tachés par le tabac. J'entrais dans des cafés, pour boire de grands verres d'eau minérale qui me glaçaient la poitrine sans me désaltérer. Je suppose que chaque homme a connu cette soif. Mais Manou n'était pas semblable aux autres femmes.

Et voilà que le doute s'abattit sur moi, comme un coup de matraque. Je revois l'endroit. Nous venions juste de quitter la route, ou du moins ce qu'on appelle une route, dans ce pays, pour prendre la piste conduisant au barrage.

Jaï était au volant. Jallu, près de lui, somnolait, visage tombé. Sa nuque, sous le casque colonial, était soudain celle d'un vieil homme, creuse, quadrillée de rides et parsemée de poils gris. Autour de nous, la montagne. Mais non pas notre montagne avec sa nudité pour rire. La montagne d'autrefois, d'avant les hommes. Du caillou brut, à perte de vue, fendillé par le gel, cuit par le soleil, tanné comme une peau, horriblement insensible et absent. Un monde de choses qui emplissait l'horizon, jusqu'à des crêtes qui ne limitaient rien mais masquaient seulement d'autres crêtes, et ainsi de suite, jusqu'au vertige. Pas une ombre. Le soleil à pic. Et toujours un aigle, dans l'air blanc, immobile.

« Elle m'a trompé. » La phrase, en moi, se forma toute seule et j'eus l'impression qu'on m'avait parlé. Mais Jaï continuait à s'accrocher au volant de la Land-Rover et Jallu s'effondrait contre la portière, foudroyé à bout portant par le sommeil. Je n'eus même pas le temps d'organiser un commencement de défense. La certitude courait déjà dans mon sang comme un poison. Bien sûr qu'elle m'avait trompé. Dès le début. Elle ne m'avait pas trahi pour un autre homme. Non. C'était bien plus grave, mais je n'arrivais pas encore à formuler clairement l'accusation. Ce n'était même pas une accusation. Simplement, mon angoisse venait de se faire plus fine, plus tranchante. Elle me partageait comme une lame, et je me penchai en avant, les bras serrés contre mes flancs, les yeux fermés, comme si j'avais essayé de retenir mon sang. Manou! Dis quelque chose! Ce n'est pas possible!...

Mes lunettes noires glissèrent. Je les remis en place et me penchai, de nouveau, pour aspirer l'air brûlant. Trop tard! Il allait falloir, désormais, vivre avec ce mal, compter avec lui, ruser, et je sus que je n'y résisterais pas. La voiture nous secouait comme des sacs. Le lac parut, en amont du barrage, bleu sur les bords, couleur de mercure au milieu. Chez nous, l'eau nourrit des plantes et des oiseaux. En mai, même un lac de montagne fait toilette, reflète des fleurs et des feuillages, retient un nuage. Ici, l'eau est un élément, un matériau, un tonnage. Elle ne s'anime qu'au déversoir, retrouve sa grâce, sa lumière et son bruit le temps de bondir dans un bassin de rocs. Aussitôt, le ciel la boit et c'est une vallée de cailloux qui descend vers un plateau désert.

Jallu se redressa. En un clin d'œil, il redevint le maître et il regarda son barrage. Il ne pensait pas à Manou, lui. Et pourtant elle était sa femme. Mais le barrage, c'était lui-même. Ses soucis, ses ambitions, sa raison d'être, il avait tout coulé dans le béton, et, comme Dieu le père, il avait jugé son œuvre bonne. S'il avait pu lire dans mon cœur, il m'aurait méprisé. Il détestait les songe-creux, les pêcheurs de lune. Quand il avait dit de quelqu'un : « C'est un amateur », il avait porté la condamnation majeure, effacé l'homme. Il regardait son barrage, sans amitié, sans joie, peut-être sans fierté; ces sentiments-là sont des fioritures. Mais il était secrètement heureux d'avoir eu raison, d'avoir opposé à la poussée de l'eau la résistance intelligente de la pierre habilement disposée. Et ses yeux gris – je voyais le gauche de profil – suivaient avec satisfaction la courbe très pure de l'ouvrage. Ce mur qui sortait du lac comme un môle et s'arrondissait hardiment d'une rive à l'autre, pas plus large, en son centre, que le chemin de ronde qui le couronnait, avait la netteté abstraite d'un schéma. Sa substance était faite de chiffres plus que de ciment. Jallu ne contemplait pas un barrage; il vérifiait un équilibre. Je le haïssais et j'avais peur de lui.

La piste amorça ses premiers lacets. Nous descendions vers la centrale électrique. Du côté de l'aval, le barrage méritait vraiment son nom. C'était une porte étincelante et prodigieuse, verrouillant le défilé. On sentait jusqu'à l'étouffement, de ce côté du mur, l'affrontement énorme de la pierre et de l'eau, et l'œil mesurait avec stupeur la profondeur du lac de retenue. L'usine, tout en bas, paraissait minuscule. Les pylônes supportant les lignes à haute tension se perdaient les uns derrière les autres, vers l'horizon vide; rien n'existait que ce rempart gigantesque; il était seul à vivre, car il vivait à sa manière, par ses courbes, comme une cathédrale par ses arcs-boutants. Le déversoir fumait. Son grondement couvrit le ronflement du moteur. Nous arrivions.

Déjà quinze jours que j'habitais là, près de Jallu. Paris, c'était comme une vie antérieure, comme un rêve, comme un ailleurs que je ne pouvais plus situer. Manou elle-même n'était plus qu'une image rongée par l'absence. Dès que j'étais seul, je la reprenais, cette image, je m'efforçais de lui rendre le vif de la vie. J'y parvenais encore; j'entendais le pas de Manou; je la voyais, debout, près de la fenêtre, observant la rue. Quand je sortais de la pièce qui me servait de chambre, je ne savais plus où j'étais. Caverne? Prison?... Le fracas du déversoir me rendait au réel. Je m'avançais sur la terrasse. La poussière d'eau était fraîche sur mes joues. J'étais à soixante kilomètres de Kaboul et je ne possédais plus, de Manou, que cette douleur maintenant familière qui me faisait marcher une main appuyée sur le côté, comme un malade. J'étais malade de Manou. Quand la secrétaire m'avait annoncé sa visite, je lui avais répondu :

– Dites-lui d'attendre.

Et je m'étais replongé dans le courrier. C'était... mon Dieu... il y a quatre mois. Le 8 janvier. A 10 heures du matin. Un matin gris, qui collait aux fenêtres comme du papier sale. J'expédiais ma besogne habituelle. Autour de moi continuait la vie de tous les jours. On s'imagine souvent qu'une maison d'édition est une sorte de haut lieu, que rien n'y est quotidien, qu'à ce carrefour des chances se croisent des êtres d'exception. C'est vrai de temps en temps. Manou en est la preuve. Mais, depuis un an que je travaillais dans le même bureau, que j'entendais les mêmes bruits : le claquement de l'ascenseur, le crépitement des machines à écrire, la voix déformée du directeur littéraire, dans l'interphone : « Monsieur Brulin, pouvez-vous venir une minute... », je n'avais guère connu que les servitudes d'un métier bien vite fastidieux. Je dirigeais une collection nouvelle, *Est-Ouest*, qui démarrait mal. Je lisais des manuscrits insipides, que je refoulais avec ennui. Et, ce matin-là, Manou, le cœur battant, attendait mon verdict, tandis que j'achevais ma cigarette. Je n'ai rien pressenti. J'avais parcouru son manuscrit non sans intérêt. « Enfin, avais-je pensé, quelqu'un qui connaît un peu l'Orient! » Et je lui avais demandé de passer à mon bureau. Oui, j'ai osé la faire attendre. Manou chérie!

Et puis elle est entrée. J'ai vu une jeune femme brune, grande, jolie, semblable à tant d'autres jeunes femmes et j'ai été intéressé. Sans plus. Elle s'est assise au bord du fauteuil avec beaucoup de naturel, mais ses mains tremblaient. Je me souviens qu'elle portait un manteau de fourrure, je ne sais plus quel genre de fourrure... je n'ai jamais fait attention à ces choses. Elle était tête nue, les cheveux ramassés en chignon. Son visage avait la couleur délicate, blanc-bleu, d'une dragée. Et ses yeux me regardaient bien droit, bien franc, des yeux sombres et très lumineux, un peu tristes. Le droit était légèrement plus petit que le gauche, peut-être l'émotion! Moi, comme un imbécile, je savourais ce moment. J'étais le maître d'une destinée. D'un mot, je pouvais changer l'expression de ces yeux-là. Comme elle était émue!

– J'ai lu votre manuscrit, madame.

Elle ne rectifia pas. Elle était donc mariée.

– Mon impression est bonne...

Ses yeux ne me quittaient plus. Ses cils battirent, une fois, et se mouillèrent. Mais la joie dévorait ses larmes. Elle me regardait avec un émerveillement incrédule.

– C'est vrai, dis-je. Vous avez écrit quelque chose de remarquable.

Alors, elle poussa un soupir qui ressemblait à un sanglot et je l'aimai. Je me repasse cette scène, sans

10

cesse, comme un film, et j'étudie Manou, plan après plan. Non, à cet instant, elle n'était que bonheur et elle m'aimait déjà, elle aussi. Elle me l'a dit plus tard. Ce qu'il y a eu de meilleur, dans mon existence (une vie pour une seconde), a tenu là, dans nos regards qui ne pouvaient plus se lâcher. Enfin ses lèvres remuèrent et je compris qu'elle me disait merci.

– Mais pas du tout. Vous n'avez pas à me remercier.

Soudain, je ne tenais plus en place. Je lui offris une cigarette, fis le tour du bureau pour me rapprocher d'elle.

– Vous êtes vraiment allée à Bombay?

– Oui, au début de mon mariage. C'est ce qui m'a donné l'idée d'écrire ce livre.

Elle parlait bas, d'un air coupable, et suivait tous mes mouvements avec une sorte de crainte, comme si j'allais me raviser et lui reprendre l'espoir que je venais de lui donner.

– C'est mon premier livre.

– Eh bien, tous mes compliments. Je ne vous dirai pas que tout est parfait... Il y a pas mal de petits détails qui clochent... Au début, c'est inévitable. J'ai vu que vous avez signé Emmanuelle. A mon avis, c'est une erreur. Vous écririez dans un journal de mode, d'accord!...

– Vous rêvez, mon vieux. Déjà le mal du pays?

Blèche! Encore lui. Je ne pouvais pas rester seul cinq minutes. Il surgissait, plein d'histoires, de ragots, de secrets ridicules. Un barrage, c'est comme un pétrolier, ça marche sans qu'on y pense. Il y a juste des cadrans à surveiller et le temps est long, pour l'équipage. Que faire, sinon fouiller la vie de ses voisins? Blèche était admirablement renseigné. Il tournait autour de moi parce qu'il flairait quelque chose d'alléchant à découvrir et à colporter. Aucun moyen de l'éviter. La partie habitable de l'usine n'était pas plus grande qu'un carré d'officiers. Nous nous retrouvions tous, fatalement, au mess, au bar, au fumoir. Tous! Cela ne faisait pas beaucoup de monde, au total. Une quinzaine d'ingénieurs et de techniciens; le personnel indigène occupait des baraquements, sur la rive droite.

Blèche était le seul Français. Il était chargé des services de sécurité. Les ingénieurs étaient allemands et les techniciens, anglais et hollandais. Des gens taciturnes et méfiants, pour la plupart. En service, tout le monde parlait anglais. Mais chacun revenait à sa langue natale pendant les pauses. « La petite Europe », plaisantait Blèche. Il m'entraîna vers le bar.

– Vous en faites, une tête. Il vous a engueulé?

Il, c'était Jallu. Mais Blèche ne l'appelait jamais par son nom. Il disait: le boss, le grand chef, papa ou l'emmerdeur. Hassan nous servit deux whiskies. Comme d'habitude. Car, dès la fin de la première semaine, j'avais pris des habitudes, des préférences pour une place à table ou un fauteuil sur la terrasse. Chaque jour répétait le précédent, immuablement. Etait-ce le bruit ample, continu, obsédant du déversoir? Le temps, ici, n'était plus une mesure, mais une matière, quelque chose d'épais et de poisseux. La vérité, c'est que j'attendais Manou; elle viendrait forcément. Jallu aussi, l'attendait. C'est pourquoi je buvais beaucoup, en essayant, comme on dit, de penser à autre chose. Mais à quoi, sinon à ce problème, toujours le même: qui était Manou? qu'avait-elle voulu me cacher?...

– Excusez-moi. J'ai un peu mal au crâne.

– La chaleur, répondit Blèche. Et encore, vous n'avez rien vu. En août, elle tue raide les oiseaux en plein vol.

Je pris mon verre et allai m'asseoir près de la fenêtre, d'où je découvrais la chute jusqu'au radier. L'éclatante blancheur du remous me fascinait toujours. Je tombai tout de suite dans une somnolence à fleur de peau qui m'aidait à me dédoubler. Manou était là.

Je l'avais invitée à déjeuner et nous étions allés dans un petit restaurant du boulevard Saint-Germain que j'aimais à cause de ses lumières, de ses cuivres, de ses vitres embrumées. Les tables étaient étroites. Nous nous parlions en nous penchant en avant, et chaque mot signifiait plus qu'il ne disait. Elle avait retiré sa fourrure et ses gants. Elle était mince, souple dans son tailleur noir au chemisier échancré bas. J'étais sensible à la grâce de sa poitrine menue, mais bien plus encore à la douceur de son visage offert. J'écoutais ses premières confidences avec une telle ferveur que je congédiai sèchement le maître d'hôtel venu prendre la commande. Plus tard! Nous n'avions faim ni l'un ni l'autre. Ou du moins nous ne souffrions pas de cette faim-là. Elle avait la vivacité, la franchise d'une petite fille en me racontant ses échecs, les chapitres vingt fois recommencés, et je ne me lassais pas de regarder ses yeux où couvait le feu retenu d'une tendresse qui s'ignorait encore. Elle semblait me livrer sa vie et pourtant je dus l'interroger.

– Vous êtes veuve?

– Non. Pourquoi?

– Parce que j'aperçois une petite marque blanche, à votre annulaire. Comme si vous aviez porté une alliance.

Elle baissa les yeux, étendit ses deux mains côte à côte, et je les caressai du bout des doigts.

– Ne dites rien. Cela ne me regarde pas.

– Je suis mariée, murmura-t-elle, mais il y a longtemps que je ne porte plus mon alliance.

Le maître d'hôtel nous observait, de loin. Il comprit sans doute que nous venions d'échanger un propos d'une particulière importance et que nous avions besoin d'un moment de silence, d'une diversion, car il s'approcha, souriant, complice. J'ai complètement oublié le menu que je composai pour elle. Mais ses paroles, ses moindres paroles, je les entends, je les entendrai jusqu'au bout de cette vie qui n'a plus de sens, maintenant. Elle me dit qu'elle avait beaucoup voyagé durant la première année de son mariage.

– C'est le métier de mon mari qui le voulait, expliqua-t-elle.

Mais elle omit de préciser la nature de ce métier, de même qu'elle s'arrangea pour ne pas me révéler son nom, son âge, son adresse. Le manuscrit qu'elle avait envoyé ne portait que ces deux indications : *Emmanuelle – Boîte Postale – Paris 71 – 17*. Je ne lui posai aucune question, tellement j'étais sûr que nous allions nous revoir. Je ne remarquai même pas ses réticences. J'étais envoûté. De temps en temps, ma main se posait sur la sienne, et elle souriait, reconnaissante.

– Vous êtes sûr qu'on va m'éditer?

– C'est certain. Dans quelques jours, je vous enverrai une lettre d'accord.

– Je suis folle de joie. Si vous saviez... ce matin, je mourais de peur, et puis...

– Et puis nous nous sommes rencontrés. Emmanuelle et Pierre.

– Je peux vous appeler Pierre?

– Vous me ferez plaisir.

Je levai mon verre. Elle m'imita, et nos yeux, encore une fois, s'unirent.

– Merci... Pierre.

Elle ne souriait plus.

Quelqu'un ouvrit la porte et le bruit du déversoir effaça les voix. J'avais oublié de boire mon whisky. J'avais même oublié de retirer mes lunettes. Je tournai la tête pour regarder l'horloge électrique. Jallu me fit signe. C'était l'heure du déjeuner. Je le suivis dans la salle du mess.

– Vous paraissez fatigué, monsieur Brulin, dit-il.

– Un peu. J'ai du mal à m'acclimater.

J'étais furieux d'avoir été surpris, mais est-ce que j'existais, pour Jallu? Moins encore, sans doute, que les hommes qui mangeaient en silence, par tablées séparées : les Anglais, les Allemands, les Hollandais..., Blèche, tout seul. Ils faisaient semblant de ne pas s'occuper de nous, mais ils ne perdaient aucun de nos mouvements. Jallu, c'était l'ennemi. Et moi, qu'est-ce que j'étais, pour eux?... Rollam, le domestique afghan, apporta les plats : perdrix aux choux et riz, ananas en conserve. Il servait tout en vrac, sur l'ordre de Jallu qui détestait attendre.

– Pourtant, remarqua Jallu, vous avez déjà voyagé en Orient?

– En Turquie, oui... En Israël... Une fois à Ceylan... Un Orient aimable, en comparaison de cette région.

Visiblement, il ne m'écoutait pas. Je l'observais, par brefs coups d'œil. Je savais qu'il avait quarante ans, mais il était impossible de lui donner un âge. Avec ses cheveux coupés ras, ses rides profondes, ses joues maigres, il ressemblait à un missionnaire. Il avait le regard d'un voyageur, fixé loin, toujours soucieux, parfois vide. Blèche m'avait dit pourquoi. Depuis qu'un de ses barrages avait cédé, au Portugal, de mauvais bruits s'étaient mis à courir. Blèche prétendait même que tous les barrages construits selon les théories de Jallu sauteraient les uns après les autres. Avec un morceau de craie, il avait dessiné des croquis sur la table de la terrasse.

« La faiblesse de son mur en coquille, voyez-vous, ce n'est pas sa minceur... Là, au contraire, il faut rendre hommage au bonhomme... c'est quand même quelqu'un..., mais la poussée latérale est excessive. Que le terrain travaille d'un poil, et tout fout le camp. Or, le terrain travaille toujours, malgré les injections de ciment. Il suffit d'un tremblement de terre éloigné, ou du tassement des couches profondes... Des trucs comme ça – Blèche frappait du pied sur le sol –, ça tient quinze ans, vingt ans... Mais dans cinquante ans, hein?... J'en sais quelque chose, puisque c'est ma spécialité de contrôler la solidité de ces ouvrages. Je les connais comme ma poche. Eh bien, je vous fiche mon billet qu'on aura des surprises... Celui qu'il a construit près de Bombay, j'y étais... c'est même là qu'on a commencé à s'accrocher, tous les deux... il a fallu qu'on refasse la rive droite l'an dernier, à coups de forages jusqu'à trois cents mètres... Parlez d'un chantier!... Evidemment, le prix de revient est beaucoup plus bas. On va plus vite. Dans les pays pauvres, ça compte. Mais à sa place, j'aurais des cauchemars! »

Jallu mangeait rapidement; j'avais beau faire,

j'étais toujours en retard et toujours exaspéré quand il me disait :

– Prenez votre temps... Rien ne vous presse, vous, monsieur Brulin.

Ce qui signifiait sans doute que j'étais là en touriste, en flâneur... peut-être en gêneur. Oui, je le haïssais, d'instinct, et pourtant je n'étais pas jaloux. Je n'arrivais pas à imaginer qu'il était son mari. Je ne les avais jamais vus ensemble. Mais surtout je savais qu'il n'y avait plus, entre eux, aucune intimité et, pour moi, c'était une revanche. Oui, je le reconnais volontiers – maintenant –, je subissais son ascendant comme tout le monde. Mais, à cette époque, on m'aurait tué plutôt que de me le faire avouer. Je n'entendais rien à ses travaux et il ne comprenait rien aux miens; je m'entêtais à croire que nous étions quittes. C'est pourquoi j'enrageais quand je baissais les yeux devant lui. J'aurais voulu lui désobéir une bonne fois. J'en avais le droit; je n'étais nullement à ses ordres. Mais, dès qu'il me demandait : « Je compte sur vous, cet après-midi, monsieur Brulin? », je répondais avec trop d'empressement, malgré moi. S'il m'avait complimenté, peut-être me serais-je mis à le respecter. Mais il tenait ses distances. Je n'étais pour lui qu'une sorte de secrétaire-traducteur, habile et négligeable. Aussi, durant nos voyages presque quotidiens à Kaboul, m'appliquais-je à penser à Manou, de toutes mes forces, presque avec désespoir, pour le tenir en échec et, secrètement, l'humilier. Je n'humiliais que moi.

Pourtant, ce jour-là, les façons de Jallu me laissaient indifférent. Mon problème, c'était Manou. Lentement, depuis une heure, le soupçon grandissait : Manou s'était servie de moi. Mais cela ne signifiait rien, encore. Pourquoi se serait-elle servie de moi? Pour être éditée? Stupide. Alors?...

Je l'avais revue le lendemain. Nous avions travaillé ensemble, dans mon bureau, et puis je l'avais invitée à venir chez moi. Elle avait accepté avec sa franchise coutumière. Elle avait compris, à ma voix, que j'avais vraiment envie de travailler avec elle, pour elle, sans la moindre arrière-pensée équivoque. J'habitais, rue d'Alésia, l'appartement que j'avais hérité de mon père. Après sa mort, j'avais transformé à mon idée le salon et la bibliothèque, et l'ensemble était très agréable tout en demeurant un peu austère, à cause des livres. Il y en avait partout et Manou fut très impressionnée.

— Comme vous êtes savant!

— Eh non, protestai-je. Si vous aviez connu mon père, vous auriez vu ce que c'est qu'un savant, un vrai. Il parlait je ne sais combien de langues. Tenez, ses ouvrages occupent trois rayons, là-bas. J'étais tout gosse, il m'enseignait déjà le persan.

— Je vous plains, dit-elle. Moi, ma mère m'enseignait les fleurs et les oiseaux. La vérité, c'est que je ne sais rien. Est-ce que je vous déçois?

Je m'aperçus que cette phrase revenait souvent dans ses propos. Manou était fière, d'une fierté ombrageuse qui nous valut bien des querelles. Mais il n'était pas encore question de querelles! Nous nous cherchions avec ravissement. Tout nous était joie. Ces premières séances de travail m'ont laissé un souvenir... Je me demande pourquoi je remue ces cendres! A mesure que j'expliquais à Manou ses erreurs, je voyais son visage s'illuminer. « Oui, je comprends », s'écriait-elle, et elle joignait les mains comme si je lui avais offert de ces cadeaux sans prix qu'on n'ose pas toucher. Elle comprenait tout, proposait des corrections toujours adroites. Elle avait beaucoup plus de talent qu'elle ne le croyait elle-même. J'étais obligé d'interrompre cette besogne acharnée pour lui rappeler que nous avions aussi le droit de boire une tasse de thé. Alors, elle voulait préparer le plateau, doser le thé; d'autorité, elle m'installait sur le divan, s'affairait dans la cuisine. Je la laissais faire; je me contentais de la regarder. Chaque jour, elle portait une toilette nouvelle, mais sans ostentation et presque sans coquetterie. Ses bijoux étaient simples, des boucles d'oreilles assorties à ses robes, et un lourd bracelet d'or qu'elle enlevait pour travailler et qui marquait son poignet d'un fin quadrillage.

– Il vient d'Orient? remarquai-je.

– Oui, je l'ai acheté à Bombay.

Mais elle détourna vite la conversation, m'interrogeant sur mon enfance, sur mes parents. Sa tasse à la main, elle allait, le long de la bibliothèque, lisant les titres, palpant avec une inconsciente sensualité les bibelots que mon père avait rapportés de ses voyages. Le soir où je lui offris un minuscule bouddha d'ivoire qu'elle prenait sans cesse dans ses mains, je crus qu'elle allait pleurer.

– Oh! Pierre, répétait-elle, quelle merveille... Comme vous êtes gentil.

Ce fut plus fort qu'elle; brusquement, elle m'entoura le cou de ses bras, d'un geste impulsif de petite fille heureuse, et elle m'embrassa doucement, sur la tempe. Je la serrai contre moi. Elle se dégagea aussitôt.

– Non, dit-elle... Non, Pierre.

Elle reposa le bouddha sur l'étagère.

– Gardez-le, insistai-je. Je vous en prie.

J'avais déjà peur de la perdre. J'eus l'intuition

aiguë qu'elle serait toujours, pour moi, comme un petit animal farouche qui ne consent à s'approcher que s'il sent, derrière lui, les fenêtres ouvertes. Elle partit aussitôt, me défendant de l'accompagner. Mais, le lendemain, elle fut... j'allais écrire : ma maîtresse. Non. Elle fut ma femme. Je lui demandai de m'épouser.

– Si je le pouvais, Pierre, dit-elle, en suivant du doigt le dessin de mes lèvres.

– Monsieur Brulin, au téléphone.

C'était Aman, le standardiste indigène. Jallu se leva.

– Ce n'est pas plutôt pour moi?

Nous courûmes ensemble au téléphone. Jallu saisit l'appareil. Il avait son visage des mauvais jours, ses yeux gris sans expression.

– Allô! Ici, Jallu... Ah! C'est vous, Claire?

La douleur me tordit le ventre. Je reculai.

– Excusez-moi, dis-je.

Par l'entrebâillement de la porte, je ne pouvais m'empêcher de regarder le dos de Jallu, et j'imaginais, là-bas, dans le petit hôtel de Neuilly, Claire, au milieu du salon sous ses housses, parlant d'un air ennuyé, réticent, las, l'air que je lui voyais tous les jours, juste avant mon départ.

– Non, disait Jallu. Je n'ai rien reçu... Ce sera peut-être pour le prochain courrier... Quand vous voudrez... Je me doutais bien qu'elle n'irait pas loin, la pauvre femme. Une leucémie, à son âge... Ne vous fatiguez quand même pas trop... Ici, ça va... Oui... Les négociations?... Elles traînent un peu, c'est normal, mais c'est en bonne voie.

Moi, je bourrais ma pipe consciencieusement,

comme quelqu'un qui, absorbé par ses propres préoccupations, ne s'aperçoit même pas qu'il peut être indiscret.

— Oui, je suis bien secondé... Merci, c'est gentil, mais nous ne manquons de rien... Attendez, je vais le lui demander...

Jallu se retourna et m'appela. Je fis d'abord semblant de ne pas l'avoir entendu, puis je vins près de lui sans empressement, toujours appliqué à bourrer ma pipe.

— Monsieur Brulin, ma femme me demande si vous désirez qu'elle vous apporte quelque chose?

Je faillis bien me laisser surprendre. La joie me cueillit comme un coup de poing et je me mis à rougir comme on saigne. Il fallait répondre, n'importe quoi, sans réfléchir.

— Un stylo, dis-je. Le mien me joue des tours.

Je ne pensais même pas à remercier. Je n'écoutais plus. Elle m'aimait toujours. J'allais la revoir. Si elle n'avait pas pris l'avion avec nous, à Orly, c'était donc bien pour la raison que son mari m'avait donnée : cette vieille tante leucémique, et non parce qu'elle avait renoncé à m'accompagner, au dernier moment. Mes craintes étaient donc vaines!... Je ne savais plus. Renonçant à allumer ma pipe tellement mes mains tremblaient, je montai dans ma chambre, branchai le ventilateur et je me jetai sur le lit étroit, un lit de pensionnaire ou de soldat, qui sentait encore la peinture.

Manou! Comment avais-je pu croire qu'elle avait refusé de partir? N'étais-je pas en train de tout gâcher, en isolant, dans mes souvenirs, des mots, des attitudes, des silences, qui, rapprochés arbitrairement, suggéraient l'idée de je ne sais quelle trahison? Pourquoi cette manie de « traduire » les êtres?

« Tu veux toujours comprendre », me reprochait Manou, quelquefois, quand je prenais son visage dans mes mains, pour l'étudier jusqu'au fond et quand je murmurais : « Qui es-tu ? » Cette question, je me la posais sans cesse. Je n'ignorais pas qu'elle était puérile, mais il y avait, chez Manou, un mystère qui allait au-delà du simple mystère féminin. Comment dire ? Dès que se refermait la porte de la rue, je n'étais plus sûr de rien. Manou devenait une idée, une abstraction. Au début, pendant peut-être trois semaines, je n'ai pas su comment elle s'appelait, ni son adresse. Et sa maison, je ne l'ai vue qu'une fois, à la fin. Manou se donnait mais ne se livrait pas. D'ailleurs, je ne la questionnais guère. J'étais trop émerveillé, trop épris. Sa présence seule m'importait. Qu'elle fût dans mes bras, c'était cela, d'abord, la vérité. Je voulais ignorer ses attaches, son passé, ses amours. Manou n'était qu'à moi. Je l'avais inventée. Je l'avais aussi initiée, révélée, et rien ne comptait plus que ce bonheur-là. Quand elle était sur le point de partir – et c'était toujours un arrachement abominable – elle avait ce mot qui me bouleversait si profondément : « Maintenant, c'est la vie morte ! »

Oui, elle avait mille fois raison. C'était la vie morte, le temps des horloges découpant une existence où la moindre occupation devenait une besogne ; corvée du travail, corvée du loisir aussi, et corvée du restaurant et corvée du sommeil. Je n'étais plus qu'attente et souvenir ; mais bientôt angoisse, parce qu'à chaque nouvel au revoir, j'eus l'impression, très vite, que nous échangions un adieu, que tout, dans notre rencontre, était précaire et menacé, qu'un jour, peut-être, Manou ne reviendrait plus et que, pour elle comme pour moi, commencerait la vie morte, l'éternité du non-amour. Je n'avais jamais éprouvé cela. Avant Manou, j'avais eu des aventures, tantôt joyeuses, tantôt mélancoliques, mais toujours dépourvues de gravité. Ce fut Manou qui m'enseigna l'inquiétude et le tourment. Elle arrivait, comme vêtue de fumée, dans son long manteau de fourrure, et son visage aussi était long, pâle et presque douloureux à cause de ses yeux trop sombres, de son maquillage trop lisse qui lui faisait un masque délicat comme une coquille. Elle semblait surgir de l'hiver, de l'absence, d'un pays inconnu où les femmes auraient eu l'air d'être veuves. Si nous atteignions souvent à une sorte de frénésie, je pense que c'était pour nous défendre contre une secrète peur. Nous devinions que nous ne devions pas regarder du côté de l'avenir. Et Manou disparaissait quand sonnaient 6 heures. Il me fut toujours impossible de la garder plus longtemps. J'essayai, une fois, une seule fois. Je la vis si malheureuse, si agitée, si implorante que je l'aidai à se rhabiller et à s'enfuir. La nuit est douce aux amants. Nous n'avions, nous, que des fragments de journée, des morceaux de matinée ou des lambeaux d'après-midi. Elle me téléphonait. Elle connaissait par le menu mon emploi du temps quotidien et savait où me toucher à chaque minute, tandis que moi, si j'avais eu un accident, si je m'étais trouvé en danger de mort, je n'aurais pas su où la faire prévenir. J'aurais été moins malheureux si nous avions fixé à l'avance l'heure de nos rendez-vous. Mais, dès que je lui demandais :

– Alors, à demain ?

Elle souriait tristement, me mettait un doigt sur les lèvres :

– Je t'appellerai... promis...

Et j'étais livré à l'incertitude et au chagrin. Parfois, je m'abattais sur le lit où je venais d'être si heureux, je cherchais son parfum et son odeur; mes yeux s'emplissaient d'eau sous mes paupières serrées. Combien d'heures, jusqu'au coup de téléphone, et d'ici là, il faudrait dîner, dormir, se laver, se raser, aller au bureau... M'appellerait-elle au bureau? Ou peut-être pas du tout. Et puis la sonnerie retentissait, se plantait dans ma chair en vibrant et je tâtonnais comme un aveugle.

– Allô! C'est toi?

Je la sentais respirer en moi, si proche et pourtant désincarnée comme une âme. Elle m'indiquait une heure, vite, à voix basse, comme si elle avait été épiée et n'oubliait jamais d'ajouter, après un bref silence : « Je t'aime. » Et c'était toujours aussi poignant d'entendre ces mots, qui n'étaient que des miniatures de mots à cause de la distance, mais qui conservaient miraculeusement la chaleur, la vie, la réalité fugitive de Manou et laissaient sur ma tempe, là où elle m'avait embrassé la première fois, comme l'invisible empreinte de ses lèvres.

C'était juste après que je lui écrivais. Oui, je lui écrivais, n'importe quoi, des folies, des mots d'amour, pour être déjà avec elle. J'attrapais le premier papier venu, les feuilles à en-tête de la maison, l'horrible papier à lettres des bistrots, parfois une facture, et je me délivrais des mots, des mots qui m'emplissaient la tête et le cœur d'un pétillement brûlant de vin libéré. Une mousse foisonnante de mots jaillissait et ma main n'arrivait pas à courir assez vite. Quelqu'un entrait; je cachais le feuillet précipitamment, comme un écolier surpris. Ensuite, je fourrais mon gribouillage dans une enveloppe, à l'adresse de la boîte postale, puisque je ne savais pas où elle habitait, puisque j'ignorais même son numéro de téléphone. Et d'ailleurs, quand elle me l'eut donné, elle m'interdit de lui téléphoner, tellement elle redoutait une imprudence.

Nous menions une vie démente. Jamais nous ne sortions. Manou craignait toujours d'être reconnue. Elle m'obligeait à pousser les verrous, allait surveiller la rue, de l'angle de la fenêtre. En revanche, elle se plaisait énormément dans mon vieil appartement et n'avait pas tardé à le transformer. Nous avions, en riant, modifié la place de tous les meubles, et ces pièces, où errait autrefois l'ombre studieuse de mon père, étaient devenues « un intérieur », comme disait Manou; sur ses indications, j'achetais des tapis, des bibelots, des lampes, beaucoup de petites lampes car elle ne commençait à s'épanouir que les rideaux tirés. Tantôt nous illuminions l'appartement et tantôt nous cherchions des clairs-obscurs propices aux caresses. Ou bien, pour calmer notre nostalgie d'une vie enfin partagée, nous organisions des dînettes, même si nous sortions de table l'un et l'autre.

— Tu vois, commençais-je, comme ce serait bon...

— Tais-toi, mon Pierre...Tu vas nous faire mal.

Pendant une minute, nous évitions de nous regarder. Ce jeu du bonheur me paraissait si cruel qu'un jour je ne pus m'empêcher d'éclater.

— Mais enfin, Manou, divorce... Voyons, qu'est-ce qui t'empêche de divorcer?

— Fais bien attention à ce que tu vas dire, Pierre, répondit-elle.

Ce fut notre premier heurt. Je sentis, pour la première fois, que Manou n'était pas seulement la femme tendre, sensible, raffinée que j'adorais. Il y avait une autre Manou, violente, butée, dont je pouvais me faire, à tout instant, une ennemie. Je me gardai bien d'insister. Manou mit ses bras autour de mon cou, me mordilla l'oreille... Nous nous séparâmes réconciliés. Le lendemain, je rapportai un coffret plein de minces et longues cigarettes américaines dont elle raffolait. J'étais toujours ému par la manière dont elle manifestait sa joie. Sa respiration s'arrêtait. Elle joignait lentement les mains. Il fallait lui dire :

– Eh bien, prends... C'est pour toi!...

Elle murmurait, d'une voix comme bâillonnée par l'émotion :

– Pierre... Mon mari chéri!

Mais cela, aussi, faisait partie du jeu. De même que ses projets. Avec une inconscience qui me torturait, elle me parlait souvent de notre avenir :

– Si je réussis, si je gagne de l'argent, tu sais ce que j'aimerais?... On quitterait la France tous les deux... On voyagerait... On irait vivre à Londres, tiens...

Elle avait oublié qu'elle ne voulait pas divorcer. Elle fumait, les yeux mi-clos, les jambes repliées contre elle, et peut-être écrivait-elle déjà son second livre, toute seule dans son rêve. Je la contemplais, respirant à peine pour ne pas briser le charme.

– Londres, le soir, quelle merveille! On aurait le droit de marcher tout près l'un de l'autre, sous le même parapluie. Personne ne nous connaîtrait... On irait ensemble au théâtre...

A travers la fumée de sa cigarette, elle regardait tomber la pluie de Londres. Il y avait, autour de nous, un silence à crier. Je ne bougeais pas, tout endolori et déjà prêt à croire. Et si je disais :

– Manou... Ce n'est pas vrai?

Elle se renversait sur le dos, cherchait ma main :

– Viens, Pierre... Viens vite!


La chute grondait, au loin, derrière les murs de la forteresse. Le ventilateur faisait un bruit de hanneton. Comment pouvaient-ils vivre, les autres ? Plusieurs avaient leur famille à Kaboul. La plupart étaient sans problèmes et peut-être sans désirs. Ils gagnaient de l'argent, se fabriquaient au jour le jour un avenir de petits rentiers dont ils ne parlaient jamais. Et mon avenir, à moi ? En vérité, j'étais sans avenir, comme un homme qui a perdu son ombre. Manou m'avait frustré de mon avenir. J'en revenais toujours là parce que là était embusqué mon malheur. Manou, quand elle ne rêvait pas, me posait parfois des questions précises.

Est-ce qu'un livre rapporte beaucoup d'argent ? Et s'il est traduit dans beaucoup de langues ? Et s'il est acheté par un producteur ?... Je n'osais lui dire qu'elle devait se montrer patiente, que son talent n'était pas encore affirmé... Elle s'irritait sourdement de mes réponses évasives, comme si son succès n'eût dépendu que de moi. Mais elle ne me faisait aucun reproche; simplement, elle devenait distraite, paraissait calculer, ou plutôt supputer... je ne savais quoi. Elle vivait alors dans un temps dont j'étais exclu et je souffrais affreusement de me sentir ainsi tenu à l'écart. Quels projets formait-elle donc, alors qu'elle me confinait dans un présent toujours remis en question ? Ces pensées n'étaient que des ombres et les bras de Manou autour de mon cou chassaient tous les doutes. Pourtant...

Pourtant ma tristesse, déjà, prenait corps. Mais je ne savais pas bien me la traduire. Il me fallut longtemps avant de comprendre que Manou ne me préférait pas. Le mot ne me vint à l'esprit que ce jour-là, tandis que, les bras croisés sous la nuque, dans ma cellule de béton, prisonnier du barrage, je m'évadais dans mon passé. Non, Manou ne me préférait pas. Elle ne me mettait pas au-dessus de tout, alors que, pour moi, elle était le monde, la nature, Dieu et ses étoiles. Et ce mot commença d'éclairer mes ténèbres. Par exemple, l'impatience de Manou quand je lui disais que son contrat n'était pas encore prêt...

– Tu as confiance? lui répétais-je. C'est une affaire réglée. Mais il y a des traditions, dans la maison. Il n'est pas d'usage de bousculer le grand patron.

Manou m'écoutait, regardant par-dessus mon épaule, et je détestais ce regard perdu, qui m'effaçait.

– As-tu besoin d'argent?

J'avais lâché la question, en hésitant. Manou allait sûrement se fâcher. Mais, sans me l'avouer, je désirais presque la bonne querelle qui fait sortir la vermine des arrière-pensées et permet de les écraser définitivement. Manou ne répondit pas. Je sus, à la seconde même, que j'avais frappé juste et je ne pus m'empêcher de remarquer :

– Tu as besoin d'argent, toi?

Cela signifiait : toi qui es riche, qui vis beaucoup mieux que moi, qui es habituée à un luxe que je suis bien incapable de te donner! C'était offensant et elle ne s'offensa pas. Au contraire, elle ramena sur moi son regard qui, à certains instants, tâtonnait comme celui des myopes.

– Oui, dit-elle... Tu comprends tout, toi... Tu ne ressembles à personne.

Il ne m'en fallait pas davantage pour perdre toute mesure. Elle avait donc besoin de moi! J'étais fou de joie.

– Veux-tu que je t'avance, moi, le premier à-valoir? C'est simple, Manou chérie. Tu n'as qu'à parler, tu sais bien.

Je lui signai un chèque. Elle le prit.

– Je te rembourserai bientôt, Pierre.

Elle comprit aussitôt qu'elle venait de me faire mal et essaya de se rattraper.

– Je t'expliquerai... Fais-moi confiance, mon chéri... Si tu savais comme j'ai une vie difficile...

C'était trop tard. Il y avait eu cette phrase si froide, qui me repoussait. Après, évidemment, je lui inventai mille justifications. Je me rappelle que j'écrivis une lettre interminable pour demander pardon à Manou de ma susceptibilité. J'étais sincère en me sentant coupable. Et pendant trois jours, Manou ne me donna pas signe de vie. Le troisième jour, j'étais à la dérive. Et puis le téléphone sonna. Manou revint. L'amour eut un goût admirable. Je ne m'aperçus même pas que Manou avait oublié de s'excuser. Quand je m'en avisai, je chassai cette pensée avec une violence qui m'étonna. Comme si Manou avait eu besoin de s'excuser! N'était-elle pas assez malheureuse, auprès d'un mari qui devait la surveiller, contrôler ses dépenses... Je me racontais par le menu la vie de Manou telle que je l'imaginais, et mon amour augmenta encore. C'était aussi mon métier, d'inventer des histoires! Mais ce mari, auquel j'évitais de penser, d'habitude, peu à peu se glissa entre Manou et moi. Puisqu'il était le responsable de la bizarre conduite de Manou, j'avais envie d'être mieux renseigné sur lui. Je commençai à interroger Manou, en tremblant de peur. Manou céda tout de suite et je compris – ou plutôt je crus comprendre – que ma réserve était maladroite et que Manou ne détestait pas qu'on la brusquât. En un subit accès de confiance, elle me dit tout, à commencer par son nom. Jallu la délaissait depuis longtemps; rien n'existait pour lui que son travail. Il gagnait beaucoup d'argent et pourtant vivait dans la crainte perpétuelle des mauvais jours.

– Mais... toutes tes toilettes?... Ces bijoux?

Justement! Cela faisait partie du standing. Jallu était puissant et devait le paraître. Sa femme était un objet, qu'il montrait avec complaisance. Mais il vérifiait la moindre dépense, épluchait les notes, passait lui-même les commandes aux fournisseurs, surveillait de près la bonne, une fillette de quinze ans qu'il avait fait venir d'Auvergne parce qu'elle coûtait moins cher. Manou avait si peu d'argent de poche qu'elle était souvent obligée de prendre le métro.

– Tu comprends, Pierre?

Eh oui, je croyais comprendre et je me félicitais d'avoir deviné si exactement la vérité. Je revins donc à la charge.

– Je me demande pourquoi tu restes avec lui.

Impossible de lui arracher une explication. Tout de suite, c'était le mur. Elle regardait l'heure; elle était soudain pressée de partir. Ensuite, je passais des heures à m'interroger. Qu'est-ce qui la retenait auprès de cet homme? Elle souffrait. Autant que moi. J'en étais certain. Mais nous aurions pu chercher ensemble une solution... Et je me rendais

30

compte que, au fond, elle ne m'avait rien dit.
Je trouvai le nom de Jallu dans le *Who's Who*.

*JALLU, René, ingénieur. Né le 25 mars 1918, à Paimpol... Marié le 16 février 1957 avec mademoiselle Claire Lamy... Lycée de Rennes. Ecole centrale... Constructeur des premiers barrages à parois minces, dont il est l'inventeur : Santarem, Sango, Pandharpour... Chevalier de la Légion d'honneur... 31 bis, rue de la Ferme, Neuilly-sur-Seine.*

C'était peu. Je questionnai des gens autour de moi. René Jallu? Attendez donc. Cela me dit quelque chose. Mais personne ne savait qui était Jallu. Jusqu'au jour où un Anglais, qui venait d'écrire un ouvrage remarquable sur la houille blanche, me renseigna :
– Jallu? Parfaitement! Il est bien connu. Il a travaillé pour des firmes américaines. Il a la réputation de se prendre pour Le Corbusier, dans sa partie.
Un ingénieur de l'E.D.F. me parla de lui, un soir, à un cocktail.
– Il a eu son heure, me dit-il. Mais sa technique n'a pas réussi en Europe. Ce serait trop long d'entrer dans les détails. Vous savez, il y a des modes dans le béton, comme dans la couture. A l'heure actuelle, on en est aux barrages lourds, en matériau précontraint. Jallu est-il un attardé? Un précurseur?
Il ajouta, en riant :
– Lui, en tout cas, il donne dans le génie, je peux vous l'affirmer.
Je retouchai mon histoire : non, Manou (car pour moi elle n'aurait jamais que ce prénom) n'était pas

malheureuse, près de lui. Elle l'admirait. Elle l'aimait encore. Et je recommençai à me torturer. Je prêtais à Manou des scrupules, des remords. Parfois, des pensées basses : elle voulait bien m'avoir comme amant; elle s'ennuyait, j'étais son évasion; mais elle tenait avant tout à sa position sociale. Qu'étais-je, à ses yeux? Un écrivain qui n'avait pas encore de nom, et même pas assez de crédit pour lui décrocher son contrat. Ce n'était pas encore la rancune. Mais nos silences n'avaient plus la même qualité qu'autrefois. Chacun, à la dérobée, étudiait l'autre. Nous nous jurions de tout nous dire, toujours. Déjà, nous nous mentions. Ou, du moins, nous taisions nos tourments. Et nous ne pouvions plus nous rassasier l'un de l'autre.

... Je me levai pour aller boire. Il était 3 heures. J'aurais dû me remettre au travail, établir pour Jallu un résumé des conversations qu'il avait eues, la veille et l'avant-veille, avec le représentant du roi. Mais j'ai sans doute oublié d'indiquer la nature exacte de mes fonctions auprès de Jallu. Je lui servais d'interprète. Jallu, malin, avait compris que sa société négocierait beaucoup plus facilement la construction d'un nouveau barrage, près de Landahar, s'il pouvait discuter directement avec les ministres intéressés. Les groupes concurrents avaient imposé l'anglais. Grâce à moi, Jallu menait ses pourparlers en afghan et marquait des points. Il était désormais à peu près sûr d'enlever l'affaire. Cependant, je ne dépendais pas de Jallu mais de mon éditeur qui m'avait « prêté » à l'ingénieur pour une période de trois mois durant laquelle je devais écrire un livre sur l'Afghanistan. Ainsi, j'avais les coudées franches; je pouvais circuler partout à mon gré; et Jallu était obligé de me traiter en invité, non en employé. Chaque soir, je lui remettais une note concernant les entretiens de la matinée, travail léger que j'aurais pu expédier en une heure mais que je fignolais, pour faire sentir à Jallu qu'il avait besoin de moi. En revanche, mon livre n'avançait guère. Je m'ennuyais trop. Et puis la présence obsédante de Jallu me stérilisait. Ce que j'avais déjà pu souffrir à cause de lui! Chaque demi-confidence de Manou m'obligeait à fermer les yeux, à chercher ma respiration. Et souvent elle me disait des choses que je ne lui demandais pas; par exemple, elle avait écrit son livre en cachette, parce que ses personnages étaient à peine transposés; lui, c'était Jallu; et elle, c'était Manou. Alors, dès qu'elle était partie, je reprenais le manuscrit, je scrutais douloureusement certains passages. Elle avait aimé Jallu, oui, autant que moi... Vraiment autant?... J'en arrivais à étudier chaque mot... Il y avait des descriptions qui m'accablaient... des détails qui m'ôtaient littéralement la vie. Quand je faisais surface, après des minutes d'égarement qui me laissaient épuisé, je me répétais, en arpentant la bibliothèque : « Tout cela est fini depuis longtemps. Ça ne compte plus. Il est devenu un étranger pour elle. » Je m'efforçais de me le représenter; je lui essayais vingt visages. Et Jallu n'était que cet homme sec et taciturne, avec qui je déjeunais, je dînais, et qui paraissait si incapable d'aimer. Il n'en était que plus redoutable. J'observais sans cesse ses lèvres, son nez, son front, ses rides, ses mains... Chaque partie de son corps était comme un mot inconnu dont Manou connaissait le sens secret. Ce n'était pas à lui que j'en voulais, mais à elle. A Paris, je m'étais arrangé pour faire retarder la signature du contrat. L'homme me fascinait, mais le livre me révoltait. Je savais par expérience quelles images Manou avait contemplées au fond d'elle-même avant de trouver ses meilleures phrases, les plus adroites, les plus expressives. A ce moment-là, elle avait trahi par avance l'homme qu'elle aimerait plus tard. C'est ainsi qu'avait commencé ma rancune.

... L'eau de l'outre en peau de chèvre était tiède, avec un relent de goudron. C'était drôle de penser qu'il y avait, derrière ce mur, des millions de tonnes d'eau et qu'on utilisait des outres, comme les gens des caravanes. Mais le barrage était une usine, pas un hôtel. Je sortis sur la terrasse. J'y trouvai Jallu et Blèche. Tout de suite, je compris qu'un nouvel accrochage venait de se produire. Blèche était cramoisi et son casque lui avait laissé une marque blanche qui dessinait comme un bandeau sur son front et ses tempes.

— Je sais ce que j'ai à faire, criait-il. J'enverrai un rapport!

Je voyais Jallu de dos. Il semblait calme, mais ses mains, réunies derrière lui, pétrissaient une lettre dont je reconnus instantanément le papier, le papier bleu de Manou, celui de la lettre qu'elle avait jointe à son manuscrit.

— S'il y a eu malfaçon, continuait Blèche, je n'en suis pas responsable.

— Sortez! dit Jallu.

La lettre n'était plus, dans ses poings, qu'une boulette écrasée. Blèche se tut. Sa bouche tremblait. Son regard me chercha. Blèche avait peur. Il s'effondrait, au-dedans.

— Sortez, répéta Jallu très doucement.

Et Blèche céda, d'un coup. Il pesait vingt kilos de

34

plus que Jallu. Il avait des bras tressés de muscles. Mais ses yeux ne pouvaient plus lutter. Il s'en alla, en haussant les épaules, se retourna pour lancer :

– Vous entendrez parler de moi.

– Imbécile, murmura Jallu sans bouger.

Il attendit que Blèche fût dans le couloir menant aux alternateurs et ses mains continuaient de triturer le papier par brusques secousses semblables à des spasmes. Enfin, il s'avança vers la balustrade et me découvrit.

– Ah! vous étiez là, monsieur Brulin... je m'excuse, mais cet idiot m'a mis hors de moi.

Je lui tendis mon paquet de cigarettes. Il s'aperçut alors qu'il tenait dans ses doigts une chose informe et fronça les sourcils. Son visage était marbré de taches blanches et ses lèvres étaient grises.

– Il partira demain, dit-il.

Ses doigts, machinalement, essayaient de déplier la boulette mais il y renonça et la lança dans le vide.

– Je n'ai même pas eu le temps de lire la lettre de ma femme. Un rapport! Un rapport!...

Je m'étais penché. La lettre, arrivée au courrier de 2 heures, la lettre de Manou avait été happée par le souffle de la chute. Comment Manou parlait-elle à son mari? *Mon cher ami*? *Mon cher René*? *Mon chéri*?... L'eau bouillonnait dans le bassin, déposait sur les rocs une sorte de salive tremblante d'où le courant d'air arrachait des chapelets de bulles. *Je t'embrasse*? *Je t'aime*?... Jallu mâchait le bout de sa cigarette. Ses mains s'ouvraient et se fermaient encore toutes seules.

– Je vous envie, dit-il soudain. Vous voyagez pour

le plaisir, sans soucis, sans problèmes. Moi, j'ai ça sur le dos!

Ça, c'était le mur qui s'élevait derrière nous, vertigineux, jusqu'au ciel chauffé à blanc. Il se ressaisit et me dit sèchement :

– L'incident est clos. Je vous attendrai à 5 heures, monsieur Brulin.

Là-bas, Manou préparait ses valises.

Je travaillai un peu plus d'une heure avec Jallu,
dans le bureau que l'ingénieur en chef lui avait
prêté. Nous aurions dû habiter Kaboul, mais Jallu
avait demandé à être hébergé au barrage. Il s'y
sentait chez lui. D'habitude, il se montrait précis,
rapide, avec un rien de mépris ironique. Ce jour-là,
il m'écoutait à peine, dessinait de vagues silhouettes
sur un bloc. Pensait-il à Manou qui serait là dans
quelques jours? Je me tus. Moi aussi, je pensais à
Manou. Je commençais à comprendre, avec le recul,
qu'elle m'aimait *malgré* quelque chose qu'elle n'arrivait pas à me dire. Manou avait un secret. Et
c'était si vrai qu'après trois mois d'amour fou, elle
avait doucement manœuvré pour me détacher
d'elle. D'abord, ses visites s'étaient faites un peu
plus courtes. A peine. Assez, cependant, pour me
mettre en alerte. Je la vis, un soir, dans une glace,
qui, les bras autour de mon cou, regardait l'heure à
son poignet. Jamais elle ne fut plus tendre. C'était
sa manière d'avoir du remords. Je lui écrivis longuement, après son départ... *Manou, si tu venais, par
malheur, à ne plus m'aimer, tu me le dirais, n'est-ce
pas? Rappelle-toi que nous nous sommes promis une
totale confiance, quoi qu'il arrive. Frappe une seule
fois. En amour, je n'admets pas l'euthanasie...* Elle me
répondit, le lendemain, sur son papier bleu qui
sentait la verveine... *Idiot chéri, tu sais bien que je suis*

*à toi. Alors, ne me tourmente pas, veux-tu. Ce serait le meilleur moyen de me perdre. Je t'aime.*

Je n'ai pas oublié le texte de cette lettre-télégramme, qui dosait si adroitement l'amour et la menace. Mais pourquoi la menace? Je ruminai cette question pendant des jours, car Manou, durant presque une semaine, cessa de me donner signe de vie. Elle avait sans doute entrepris de me mater. Ni le mot ni la chose ne parvenaient à m'irriter. J'aimais bien trop Manou. Mais j'avais l'impression d'être tombé juste. Elle cherchait à s'assurer de ma docilité, non pas, peut-être, d'une manière consciente et systématique, du moins avec subtilité et persévérance. Où voulait-elle en venir?... Je me mis à l'observer, et cela marqua un tournant dans notre liaison. Auparavant, Manou était mon amour, ma vie, elle était moi. Maintenant, je l'étudiais comme un personnage de roman. J'essayais de situer ses lignes de force et son mode de gravitation. J'admis enfin qu'elle était une femme comme les autres. Dès lors, je n'hésitai plus à la questionner, mais en montrant un certain détachement, comme si elle était en train de perdre son pouvoir de me faire souffrir. Par exemple, je lui disais, en affectant de badiner :

– Au fond, tu aimes ton mari.

– Je t'en prie, Pierre.

– Qu'est-ce que cela aurait de drôle? Tu l'as admiré et je suis sûr qu'il t'impressionne encore beaucoup. Mais c'est tellement naturel, Manou chérie. Je comprends cela, tu sais...

Je me penchais sur elle, cherchant à surprendre l'ombre d'un acquiescement qui m'aurait affreusement meurtri. Mais elle tournait la tête, ou fermait les yeux.

– Non, Pierre... Je ne peux pas t'expliquer... Essaie

d'imaginer. Je ne l'admire pas, je ne l'aime pas, mais, si je le quittais, j'aurais l'air de le condamner; ses ennemis seraient trop heureux... Si tu savais comme sa position est fragile, comme il est discuté!

C'était juste le genre d'arguments qui me semblaient un peu trop beaux pour être vrais. Un mois plus tôt, j'aurais cru Manou et sa délicatesse m'aurait ravi. Maintenant, je n'étais plus attentif qu'à ses mobiles cachés, sans doute moins édifiants. Manou était une petite bête instinctive, partagée entre la fierté et le goût du bonheur. Pourquoi restait-elle avec Jallu?

Jallu se leva et alla se planter devant la fenêtre. Il aimait bien parler en tournant le dos à son interlocuteur.

— Je crois que ce sera tout pour aujourd'hui, dit-il.

Je ramassai mes papiers, mes crayons.

— Est-ce que vous avez eu l'occasion de bavarder avec Blèche, monsieur Brulin?

— Bien sûr. Souvent même...

— Est-ce qu'il vous a dit ce qu'il pense de ce barrage?

— Ma foi...

— Allons, allons, ne prenez pas la tangente. Blèche vous a prouvé que ce barrage est voué à l'écrasement, comme tous ceux du même type. C'est une idée fixe chez lui... Quelle est votre opinion, monsieur Brulin?

— Excusez-moi. Je ne suis pas assez compétent pour...

— Donc, vous pensez comme lui. Mais si... Cet

homme m'aura fait un mal incroyable. Et dire que... Bon! Je ne vous retiens pas, monsieur Brulin.

Il fourra les poings dans ses poches. Il étouffait de colère. Je sortis sans bruit. Ce n'était pas encore la fin du jour, mais déjà l'ombre du barrage couvrait la vallée. J'étais libre jusqu'au lendemain. Libre de me torturer, en accusant Manou, en m'accusant, moi, en ressassant mille griefs peut-être imaginaires. Je pris la route en lacets qui menait au bord du lac. Toutes ces conversations avec Manou... et Dieu sait si nous avions parlé... j'en avais gardé la mémoire fidèle. Je me rappelais même jusqu'à ses intonations, ses hésitations, ses réticences. Quand je lui disais :

— Voyons, Manou, à ton avis, où est-ce que nous allons?

Elle me répondait :

— Sois patient, Pierre.

— Mais je suis patient. En quoi le fait d'être patient change-t-il quelque chose à notre situation?

— Pourquoi cherches-tu toujours à me faire mal?

— Manou, ne sois pas injuste. Je voudrais tellement que tu sois heureuse, au contraire.

Et, ce que je n'osais pas lui dire de vive voix, je lui écrivais : *Je comprends que tu ne veuilles pas quitter ton mari et d'ailleurs il n'accepterait sans doute pas le divorce. Mais il y a peut-être d'autres moyens de résoudre la difficulté.* Malheureusement, il n'y en avait pas. J'avais beau tourner et retourner le problème, je n'étais pas plus avancé. Si Manou avait tenu son mari au courant de ses activités littéraires, peut-être aurait-elle pu voyager, sous prétexte de chercher un nouveau sujet de roman? Nous serions

40

partis ensemble, pour trois mois, pour six mois. C'était même cela, le salut. Mais puisqu'elle ne voulait rien avouer à Jallu, il était inutile d'insister. Alors quoi? Que lui proposer?... Si je ne trouvais rien, je sentais que notre amour était condamné. J'étais prêt à accueillir n'importe quelle suggestion, tellement j'étais malheureux. Aussi, quand j'entrevis une solution possible, je ne me demandai pas une minute si elle était raisonnable, ou réalisable, ou folle. D'emblée, je l'adoptai; d'emblée, je l'exposai à Manou. Je devais avoir l'air un tout petit peu trop solennel, car je me rappelle que Manou commença par se moquer de moi.

– Attention, mon chéri, je devine que tu vas dire des bêtises... Comment trouves-tu mon thé?

Elle s'était amusée en effet ce jour-là, à faire du thé à la menthe, et il était délicieux. Tout ce qu'elle faisait était délicieux. Et comme elle adorait les compliments, je ne les lui ménageai pas. Mais j'étais surtout pressé de lui expliquer mon idée.

– Tu m'aimes, n'est-ce pas, Manou?

Elle pouffa, et je continuai de mauvaise humeur :

– Mais non, Manou, je te jure. C'est très important. Si tu ne m'aimes pas, ce n'est pas la peine que je continue. Donc, tu m'aimes? C'est bien vrai?... Bon... d'un autre côté, il t'est impossible de quitter ton mari. C'est entendu.

Je posai ma tasse parce que, en abordant la difficulté, j'avais besoin de remuer les mains, comme un avocat. Intriguée, Manou me regardait, les yeux encore pleins d'une moquerie tendre.

– Alors, il n'y a qu'une solution, Manou. Une seule.

– Supprimer mon mari, s'écria-t-elle, en riant.

Et, me voyant déconcerté et furieux, elle ajouta :

– Excuse-moi, Pierre... J'ai envie de rire, aujourd'hui... Ça ne m'arrive pas si souvent... Pardonne... Ça va passer.

Je m'agenouillai près d'elle, lui retirai sa tasse des mains et lui allumai une cigarette.

– Ecoute-moi, Manou chérie. C'est sérieux. La solution à laquelle j'ai pensé... je peux parler, oui?... c'est que toi, tu disparaisses.

Manou ne comprenait pas.

– C'est très simple... Imagine que tu sois victime d'un accident quelconque... je ne sais pas... je n'y ai pas encore réfléchi... je t'expose simplement le principe... Tu disparais. Ton mari te croit morte... Nous allons nous établir tous les deux à l'étranger et... et voilà... Il n'y a plus de problème.

Manou n'avait plus envie de rire. Elle appuya sa main sur ma tête et murmura :

– Mon petit garçon... Mon tout petit Pierre... tu es fou!

– Ne condamne pas trop vite.

– Voyons, Pierre... Ça ne tient pas debout... Viens là, près de moi.

Je m'allongeai sur le divan, bien décidé à m'entêter, même si mes projets étaient complètement irréalisables. Je ne voulais plus céder.

– A première vue, dis-je, oui, ma proposition paraît bizarre.

– A seconde vue aussi. Comment veux-tu que je disparaisse? Propose quelque chose de concret, de solide.

J'étais battu d'avance, car je n'avais rien prévu, rien préparé.

– Tous les jours, remarquai-je, des gens disparaissent... surtout pendant les vacances, en mer, en rivière, en montagne...

– Mais on les recherche... et, en général, on retrouve leur corps.

– Une disparition comme celle à laquelle je pense se prépare soigneusement. C'est notre métier, d'inventer des intrigues.

J'avais répliqué avec une sorte d'amertume mal contenue. Manou tourna la tête vers moi, me caressa la joue. Elle se rendait compte, maintenant, que ce n'était plus un jeu, que je m'étais raccroché à ce projet insensé parce que j'étais à bout, mais la discussion nous entraînait malgré nous.

– Admettons, dit-elle. Sous quel nom vivrai-je à l'étranger?

Là, j'étais plus à l'aise.

– Des papiers d'identité, je m'en procurerai facilement. Il suffit d'y mettre le prix. Ça ne pose aucun problème.

– Je n'ai pas de fortune.

– Je travaillerai. Comme traducteur... comme professeur... Je n'ai qu'à demander un poste au Viêtnam, par exemple, je suis sûr d'être agréé.

– Et si nous rencontrons un jour quelqu'un que je connais...

– Ce serait une coïncidence bien extraordinaire, avoue-le.

– Mais... nous ne pourrions jamais revenir en France.

– Tu tiens tellement à revenir en France?

C'étaient des mots inutiles, juste bons à faire un peu de bruit entre nous, à entretenir un moment l'illusion d'un accord possible. Mais je savais déjà que Manou était hostile. Bien plus, je venais de la blesser en lui proposant de sacrifier ce à quoi tient si souvent une femme : son nom, son identité. Et quel avenir mesquin, cet exil au bout du monde, en compagnie d'un petit fonctionnaire... Brusquement, j'eus les yeux pleins de larmes. A force de bonne volonté, j'avais perdu Manou. La preuve était faite, et bien faite, que jamais nous ne pourrions vivre ensemble. Manou avait raison : je n'étais qu'un enfant.

– Ne te tourmente pas comme ça, dit Manou. Moi aussi, je cherche un moyen.

Elle se releva sur un coude et son visage s'approcha du mien, si près que ce n'était plus le même mais un autre, que je n'avais jamais vu, avec des yeux d'ombre, une bouche pleine de nuit et des joues creusées de passion.

– Je ne renoncerai jamais à toi, Pierre, tu entends ?... Jamais... Quoi qu'il arrive !

Elle répéta :

– Quoi qu'il arrive, d'une voix douloureuse, et appuya sa tête sur mon épaule.

Nous ne parlâmes plus jamais de mon projet. J'avais repris confiance. Manou aussi. Pendant quelque temps, ce fut le bonheur des premiers jours...


J'avais dû forcer l'allure, tout à mes souvenirs. Je m'arrêtai, essoufflé, près du petit poste de garde commandant l'entrée du chemin de crête. Deux soldats dépenaillés fumaient une cigarette qu'ils se repassaient à intervalles réguliers. Un troisième, à l'intérieur du poste, faisait cuire quelque chose de nauséabond. Derrière eux, tout de suite, commençaient le désert, les collines rouges cernant le lac noir. Je longeai la rive qui, à ma gauche, dévalait en pente raide jusqu'à l'eau immobile. Une profondeur de plus de cent mètres ! Si Manou avait connu ce lac, peut-être aurait-elle compris qu'on pouvait disparaître sans laisser de traces... Mais non. Le projet était ridicule. Et puis, Manou ne voulait pas quitter la France, je l'avais senti, et d'ailleurs, j'en eus bientôt une nouvelle preuve. En effet, elle me téléphona au bureau, pour me fixer un rendez-vous, et elle était si agitée que je craignis un malheur.

– Est-ce que c'est grave, Manou?

– Plus que tu ne crois... Je t'expliquerai.

– Dis-le moi tout de suite.

– Eh bien... mon mari doit partir prochainement pour l'Afghanistan et il veut que je l'accompagne.

Elle raccrocha et je passai, une fois de plus, une matinée abominable. Elle vint me rejoindre à l'appartement. J'avais acheté du poulet froid, des gâteaux, mais nous n'avions ni l'un ni l'autre envie de manger. Je n'avais encore jamais vu Manou si troublée.

– Il ne peut tout de même pas te forcer, dis-je. Et puis, je me demande ce que tu deviendrais dans ce pays... C'est au diable, l'Afghanistan.

J'allai lui chercher un atlas, mais elle refusa de le regarder. Elle était butée et prête à s'en prendre à moi, de sorte que je ne savais plus comment la rassurer.

– Il va peut-être renoncer? hasardai-je.

– Lui?... On voit bien que tu ne le connais pas. S'il veut m'emmener, c'est que... Non, je ne peux pas te dire cela, mon pauvre Pierre.

– Mais si...parle... Je t'en prie.

– Non. N'insiste pas. Je ne veux pas te mêler à nos histoires. Tu es propre, toi.

– Qu'est-ce que cela signifie?

Il me fut impossible de lui arracher une précision, et, les jours suivants, elle garda la même réserve. Pourtant, je revins à la charge, au risque de la froisser gravement. Qu'est-ce qu'elle ne pouvait pas me dire ? Je lui jurai qu'elle ne me ferait pas de peine, que son silence, au contraire, m'offenserait. Y avait-il, dans son existence, une zone interdite, où je n'avais pas le droit de pénétrer ? Je n'en croyais rien alors ! Si j'essaye de donner corps aux soupçons assez vagues que j'éprouvais, à ce moment-là, je trouve à peu près ceci : Manou m'avait menti quand elle m'avait affirmé que son mari n'était plus rien pour elle. Peut-être était-elle obligée, pour endormir sa méfiance, de céder à ses caprices. Bref, je m'engageai à fond sur cette fausse piste et Manou m'y encouragea. Or, je sentais, depuis quelques instants, qu'en parlant de zone interdite, j'avais frôlé la vérité. Mais quelle vérité ? Encore une fois, qu'est-ce que Manou avait cherché à me cacher ? A l'époque, je ne voyais pas si loin. Une seule question avait de l'importance à mes yeux : Manou partirait-elle ? Si elle partait, elle me prouverait ainsi que son mari avait conservé tous ses droits sur elle. Manou m'affirmait qu'elle ne partirait pas, mais d'une manière si peu convaincue que je vivais, désormais, dans un délire continuel. La date du départ était fixée à la fin du mois d'avril, ce qui me laissait un délai d'environ trois semaines, et je recommençai à imaginer des plans, tous plus irréalisables les uns que les autres. En fait, je n'avais aucun moyen de retenir Manou. Et je ne tardai pas à deviner qu'à mon insu, elle le préparait, ce départ. Quelquefois, elle arrivait en retard, prétendait, en détournant les yeux, qu'elle avait perdu beaucoup de temps dans le métro. J'étais sûr qu'elle sortait du *Printemps*, ou des *Trois Quartiers*. Un jour, elle s'écria, étourdiment :

46

– Mon pauvre chou, quand je...

J'achevai la phrase :

– Quand je ne serai plus là... C'est bien cela?

– Ne sois pas méchant, Pierre.

Car, pour elle, j'étais méchant quand j'y voyais clair. Jamais encore je n'avais eu mal à ce point. J'avais souffert de l'attente, de la jalousie, du doute, du désespoir, mais pas de la terreur. Et maintenant c'était bien une sorte de terreur qui me tordait le ventre dès que j'imaginais Manou séparée de moi par des milliers de kilomètres. Non, je ne pourrais pas... Je n'y résisterais pas. Puisqu'elle partait, moi aussi, je devais partir. Ce fut tout de suite mon idée fixe, et elle se mit à proliférer comme une tumeur. Je commençai à réunir une documentation très complète sur l'Afghanistan. C'était une chance pour moi de connaître assez bien le persan. J'interrogeai Manou : Jallu ne connaissait que l'anglais et l'allemand. Cela favorisait mes projets. J'allai carrément poser la question de confiance à mon directeur. Un congé?... Un congé de six mois? C'était peut-être beaucoup. Et pour quoi faire?... Je crois bien que j'inventais mes raisons au fur et à mesure... J'avais l'intention d'écrire un roman... oui... quelque chose d'assez neuf à quoi je pensais depuis déjà pas mal de temps. Seulement, j'hésitais, parce que l'Afghanistan, c'est le bout du monde.

– Quoi? L'Afghanistan?

– Oui. C'est un pays en plein développement, où les intrigues politiques sont extrêmement actives... Un pays cependant moins marqué que beaucoup d'autres, ignoré du grand public, bref, le pays rêvé pour une action romanesque...

J'étais lancé. Je brodais avec éloquence. Mon directeur écoutait en souriant, pas dupe, évidemment. Je n'avais pas l'intention d'entreprendre un tel voyage aux frais de la maison, mais je savais qu'une société importante allait envoyer à Kaboul un expert, M. Jallu, et que cet expert n'avait pas d'interprète qualifié. Il suffisait, en somme, de me recommander à ce M. Jallu, qui ne demanderait pas mieux que de m'emmener... On ne pouvait pas me refuser cela. Déjà, la maison avait subventionné deux ou trois globe-trotters et...

— Bon, bon, dit mon directeur. Je ne vous promets rien, mais je vais essayer. Si les choses s'arrangent, nous vous donnerons quatre mois.

Le soir même, j'avais la réponse de Jallu. Il m'attendait le lendemain à son bureau, à 11 heures. J'étais tellement ému, énervé, que, pour la première fois, je dis à Manou que je ne pouvais pas la recevoir. Aussitôt elle sentit qu'il se passait quelque chose d'anormal.

— Pierre... Allô!... Pierre, tu n'es pas souffrant?

— Mais non, je t'assure. Je dois tout bonnement terminer un travail urgent et après, tous les chefs de service sont convoqués chez le patron. La réunion finira tard.

— Tu as l'air content, Pierre. Je me trompe?

— Content? Non, pas spécialement.

— Alors, demain? En fin d'après-midi?

— Mais j'y compte bien... Au revoir, Manou chérie.

La nuit était venue, tout de suite énorme et hostile. Les étoiles étaient autant de cailloux. Je m'assis sur un bloc encore chaud. Jallu m'avait reçu, entre deux coups de téléphone, juste le temps de m'examiner et de me dire : « C'est entendu. Vous vous mettrez d'accord pour les détails avec mon

48

secrétaire. » Un instant plus tard, je me demandais encore si c'était bien vrai. J'étais venu à ce rendez-vous dans la disposition d'esprit d'un candidat peu sûr de lui et qui s'attend à soutenir un rude assaut. J'avais trouvé un Jallu débordé, excédé, distrait...

– Est-ce qu'il est toujours comme cela?

– Non, me dit le secrétaire. Mais en ce moment, je ne sais pas ce qu'il a. C'est sans doute ce voyage qui soulève des difficultés.

Et il m'expliqua, à son tour, que Jallu était très attaqué, que tout le monde lui mettait des bâtons dans les roues et que, s'il ratait cette nouvelle affaire, il n'aurait plus qu'à solliciter un poste d'ingénieur dans une entreprise de deuxième ordre.

– Ce serait sa mort, conclut-il.

Je revoyais les yeux gris, fatigués, qui s'étaient posés sur moi. Le secrétaire aussi paraissait épuisé.

– Supposons, dis-je, qu'il échoue?

– Non. C'est une manière de parler, bien entendu. Il ne peut pas échouer.

– Supposons quand même.

– Alors, dit le secrétaire, il serait ruiné, complètement... Cela irait même plus loin... Je ne peux pas entrer dans les détails, parce que vous n'êtes pas du métier, mais vous devez bien comprendre que les intérêts en jeu sont très complexes. M. Jallu n'a pas le droit de faire une seule erreur. Au premier accroc, il saute. Et dans ce cas...

Sa main balaya l'espace, suggérant que tout serait emporté, la fortune, l'honneur, la vie... Manou...

– N'exagérons rien, ajouta-t-il. Nous n'en sommes pas là. Mais vous pouvez peut-être l'aider plus que vous ne croyez. Puisque vous avez l'intention d'écrire un livre, pourquoi un homme comme

M. Jallu ne deviendrait-il pas votre héros? Pourquoi ne raconteriez-vous pas l'histoire d'un barrage? C'est passionnant, vous savez. Comme une bataille, parce que c'est une bataille. Mais le public l'ignore. M. Jallu est seul. Vous n'imaginez pas à quel point!

– Oh! quand même!

– Mais si.

– Vous êtes là, d'abord. Et puis il y a Mme Jallu.

Le secrétaire me tendit son étui à cigarettes, son briquet.

– Vous partirez dans une dizaine de jours, reprit-il. Je réglerai toutes les questions matérielles. N'ayez aucune inquiétude. Revenez me voir la semaine prochaine.

– Je prendrai le même avion que M. et Mme Jallu?

– Evidemment.

Ma question dut lui paraître stupide mais sa réponse me remplit de joie. Je courus prévenir mon directeur. Je ne me rappelle plus très bien ce que je fis en attendant Manou. Si, pourtant. J'achetai un gros livre sur les barrages. Il était plein de formules, d'équations, de croquis, et je me laissai aller à l'impression délicieuse d'être dépassé par l'événement. Je partais! Je partais avec Manou! Je ne voulais plus penser à Jallu. Et je ne cessais de me répéter qu'il n'était pas très redoutable et que j'avais eu grand tort d'appréhender cette entrevue. Un homme traqué, voilà ce qu'il était. Il raterait son coup. Il disparaîtrait. Il me laisserait Manou. Je rapportai des fleurs à l'appartement, beaucoup de fleurs. Je ne pouvais plus lier deux idées d'une manière cohérente et je passai une heure à choisir les vêtements et le linge que j'allais emporter.

50

Manou comprit au premier coup d'œil. Je la pris dans mes bras.

– Tu ne vas pas me gronder?... Manou, réponds-moi... J'ai bien fait, n'est-ce pas?... Je ne pouvais pas agir autrement; réfléchis, voyons. Toi là-bas, moi ici... Ce n'était pas possible!

Déjà, je plaidais. Encore une fois, j'étais coupable. Encore une fois, je lui demandais pardon de l'aimer trop. Elle écoutait mes explications, les yeux mi-clos, le visage crispé, figée dans un refus de tout le corps. J'avais beau lui montrer que mon projet était adroit et ne comportait aucun risque, elle faisait non de la tête, comme une femme soudain décidée à rompre. Je sentis que ce qui était en question, ce n'était pas le voyage, mais notre amour.

– Je n'ai pas voulu te blesser, dis-je. Il fallait aller vite, prendre tout de suite une décision. Je pensais que tu serais d'accord... Je ne pouvais tout de même pas te demander la permission de rencontrer ton mari.

– Tu nous imagines tous les trois, chaque jour, pendant des semaines!

– Ah! Je n'ai pas regardé si loin!

Je la lâchai et fourrai les mains dans mes poches, pour qu'elle ne les vît pas trembler. Son doigt ganté m'effleura la joue.

– Pauvre Pierre, dit-elle. Tu ne penses jamais à rien... Non, je t'en prie... Ne te fâche pas... Simplement, réfléchis à ton tour... Moi, qu'est-ce que je deviendrai, entre vous deux?... Et toi, quelle tête feras-tu, quand nous te dirons bonsoir?... Et lui, qui comprend tout, même les silences... surtout les silences... Crois-tu vraiment qu'il acceptera?...

– Alors, qu'est-ce que tu proposes?

Elle prit un œillet et le mordilla. Que pouvait-elle proposer?

– Sois patient, Pierre, dit-elle.

– Bon. J'ai compris.

Je décrochai le téléphone.

– Qu'est-ce que tu veux faire?

– Eh bien, je veux me décommander. Je n'ai plus le choix, il me semble.

– Attends!

Elle m'obligea à reposer l'appareil, regarda autour d'elle, comme si elle rassemblait toutes ses forces contre moi.

– Je te demande un jour, reprit-elle. Seulement un jour. Je t'appellerai demain soir. Tu veux?

Elle m'embrassa sur la tempe, très doucement, car elle prenait le plus grand soin de son maquillage. La porte se referma sans bruit. Je faillis courir, la rappeler. C'était peut-être un adieu?... Peut-être ne la reverrais-je plus jamais? Ce délai, à quoi bon? Une feinte!... Une manière élégante de partir en évitant les reproches, les sarcasmes, les menaces et les larmes d'une rupture. Je ramassai l'œillet qu'elle avait laissé tomber et j'en mordis la tige amère. Notre amour était condamné.

Je ne savais pas si bien dire!

Je fis quelques pas dans l'obscurité. La douleur me reprenait. J'étouffais. De toutes mes forces, je lançai une pierre dans le lac, en contrebas. J'entendis le bruit lointain de l'impact et je suivis, en imagination, l'engloutissement du caillou, cent mètres d'eau noire, jusqu'au fond de la vallée noyée. Comme il serait facile de simuler un accident! Manou avait ri quand je lui avais proposé de disparaître! Mais maintenant...

J'étais fou de supposer qu'elle allait accepter ici ce qu'elle avait refusé là-bas avec tant d'obstination. Elle se décidait enfin à venir. Soit! Mais il n'y aurait rien de changé. Si ses intentions s'étaient modifiées, est-ce qu'elle ne m'aurait pas écrit? Il lui suffisait de taper l'adresse à la machine. Jallu ne surveillait pas mon courrier. Or, pas une lettre, pas un billet. Le vide. La nuit. Et pourtant, à Paris...

J'avais attendu son coup de téléphone comme un malade attend le résultat d'une analyse. C'était vraiment une question de vie ou de mort. Je me rappelle qu'au bureau j'avais pris une feuille de papier et j'avais essayé de noter, dans une colonne, toutes mes raisons de désespérer, et, dans l'autre, mes motifs d'espoir. Travail puéril et d'ailleurs vain. Car je n'avais ni raison, ni motif. Rien qui pût être exprimé, défini d'un mot. Je « sentais » que Manou me cachait quelque chose; j'avais l'« impression » que son secret n'était pas beau, qu'elle le dissimulait avec une sorte d'acharnement, comme si elle avait redouté mon mépris s'il venait à être découvert. Mais, dès que j'entreprenais de donner consistance à cette intuition fuyante, j'avais la conviction que je m'éloignais de la vérité. Cela me rappelait le jeu de mon enfance : il faut trouver un objet caché et le partenaire, moqueusement, guide les recherches maladroites en disant : « Dans le feu... Dans l'eau... » Quand étais-je dans le feu ? Quand je soupçonnais Manou de se servir de moi ? Cependant, elle ne mentait pas lorsqu'elle murmurait : « Je ne renoncerai jamais à toi... Jamais... Quoi qu'il arrive... » Mais pourquoi cette phrase : Quoi qu'il arrive ? Pourquoi ce ton soudain si grave et presque tragique ? J'errais ainsi au milieu d'une forêt de questions et chacune m'écorchait au passage.

Manou tint sa promesse. Elle me téléphona. Oui. C'était oui. Elle était d'accord. J'accompagnerais Jallu. Nous tenterions l'épreuve. Sa voix était triste, un peu cassée, comme si elle avait beaucoup pleuré. La joie, au contraire, me faisait bafouiller. Ce soir-là, je marchai longtemps dans Paris et, par jeu, à voix basse, je disais à Manou que je l'aimais dans toutes les langues et dialectes que je connaissais, depuis le turc jusqu'au bengali. Le lendemain, nous nous retrouvâmes chez moi, mais, quand je voulus remercier Manou, elle posa sur ma bouche son doigt ganté.

– Chut... Ne parlons plus de ce voyage, veux-tu.

Et alors commença la période la plus bizarre de notre amour, peut-être la plus douce. Nous nous rencontrions chaque jour, à la fin de l'après-midi. Nous avions repris nos habitudes. Manou était toujours aussi passionnée. Nous savions que l'avenir venait de s'entrouvrir devant nous, et pourtant j'étais comme le permissionnaire qui compte, malgré lui, les jours et songe que chaque caresse est la dernière, qu'elle ne reviendra pas. Et j'étais sûr que Manou éprouvait le même sentiment. Nous nous embrassions avec une sorte d'égarement et nos sourires, après, avaient quelque chose de forcé, d'appliqué. Il y avait, dans nos gestes, je ne sais quoi de tremblé. Nous parlions presque sans arrêt, en faisant semblant d'être enjoués, parce que les silences étaient insoutenables. En un sens mystérieux, nous n'étions plus ensemble.

– Pierre, me dit Manou, un soir... Pierre, veux-tu venir chez moi?

– Mais... ton mari?

– Demain, il ne sera pas là. Il est obligé d'aller à Bruxelles. Je t'en prie, viens.

– As-tu réfléchi, Manou, que...

– Je passe mon temps à réfléchir, coupa-t-elle. Fais-moi ce plaisir... Il y a longtemps que tu as envie de voir ma maison. Je serai heureuse de te la montrer. La bonne est déjà repartie chez elle. Nous serons seuls.

Elle n'insista pas sur le mot, mais je compris son intention et je la serrai contre moi, en la berçant tendrement, pour qu'elle sentît ma gratitude. Elle si prudente, trop prudente, voilà qu'elle m'accordait tout, comme si, brusquement, elle avait choisi quelque parti extrême. Pourtant, elle ne s'abandonnait pas dans mes bras. Elle restait tendue, vigilante. Elle aurait pu se laisser aller, me dévoiler ses arrière-pensées... Je la regardai. Elle souriait, d'un sourire qui s'adressait à elle-même plus qu'à moi, et qui exprimait un sentiment ambigu... Satisfaction?... Triomphe?... Se vengeait-elle de Jallu?... Ou plus simplement était-elle contente d'avoir mis un terme à ses hésitations?

– J'habite à Neuilly, reprit-elle. Juste à l'angle de la rue de la Ferme et de la rue Saint-James. Tu verras; le jardin est entouré de grilles pleines. L'entrée principale est rue de la Ferme, et il y a une petite porte rue Saint-James. Mais, pour toi, j'ouvrirai la grande porte, naturellement.

– A quelle heure?

– Eh bien, mettons 9 heures. C'est un quartier tranquille; tu ne rencontreras personne. Je t'attendrai. Tu n'auras qu'à frapper deux coups sur le battant. Tu veux, oui?

Bien sûr que je voulais! Cela, je le désirais depuis des semaines. J'attendis donc, encore une fois, et cette journée fut la plus désespérément longue de toutes. Les livres me tombaient des mains. Le tabac me donnait la nausée. Au courrier, je reçus mon billet d'avion. Je me rendis à la banque. Je fis quelques achats. Comment donc vivais-je, avant de la connaître? A quoi pouvais-je bien passer mon temps? Mon existence était riche de petites joies charmantes. Je bavardais avec des amis, je lisais des manuscrits, j'assistais à des générales. Chaque instant était savoureux. Et maintenant, j'étais comme un condamné qui sait, le matin, que le soir est horriblement loin, et qu'il ne servira à rien de penser ou de ne pas penser, de remuer ou de rester immobile. J'avais la ressource, il est vrai, de me tourmenter, de transformer mon attente en une sorte d'hébétude douloureuse. Si Manou m'invitait chez elle, c'était peut-être pour me dire que, tout le temps du voyage, elle ne m'adresserait pas la parole. Ou bien qu'elle cherchait un moyen de ne pas partir. Ou bien... J'étais maître, à ce jeu, et, quand je pris enfin le chemin de Neuilly, ma joie de la veille s'était muée en méfiance anxieuse. De loin, j'observai la maison. C'était plutôt un petit hôtel, très élégant, dont on n'apercevait que l'étage supérieur, aux volets clos, et le toit à mansardes. La grille, très haute, masquait le corps de la demeure, qu'entourait un jardin assez vaste. « Pas gai, pensai-je. Manou toute seule, là-dedans !... »

Je m'approchai de la grille principale et, comme convenu, frappai deux coups. Manou m'ouvrit. J'entrai vite, plein d'appréhension et j'embrassai furtivement Manou sur la joue, comme un cousin de province. Elle avait revêtu, pour moi, une robe du soir, ce qui acheva de m'intimider. Je n'étais pas chez Manou mais chez Mme Jallu et j'eus, une seconde, envie de m'en aller. Elle me prit la main, avec un geste gracieux de petite fille, et nous suivîmes la longue allée qui menait à un perron de quatre ou cinq marches. D'épais massifs bordaient cette allée et formaient deux murs sombres qui empêchaient de voir à droite et à gauche.

— Tu te plais, ici ? dis-je.

— On s'y fait, répondit Manou.

— C'est drôle. Je n'arrive pas à t'imaginer dans ce cadre.

Tout me semblait bizarre, peut-être à cause de la nuit tombante, du silence. En plein jour, ce jardin secret m'aurait plu, sans doute ; j'aurais trouvé élégante cette façade qui, avec ses deux pilastres et son fronton, me paraissait maintenant prétentieuse et vaguement hostile. Et la certitude grandissait en moi que je n'aurais pas dû venir. Manou se faufila dans l'ombre du vestibule et alluma. Elle ferma la porte derrière moi.

— Content ?

J'aurais voulu marquer un élan, lui montrer un peu de la joie qu'elle guettait. Je me sentais de plus en plus gêné, et me forçai à sourire.

– Montre-moi le musée.

– Oh! tu sais, ce sera vite fait. Voici le salon.

Un lustre s'illumina et je vis des formes blanches, accroupies. Chaque meuble était caché par une housse.

Je n'avais nul désir d'avancer. Manou fit deux ou trois pas, regarda autour d'elle. Le bijou qu'elle portait à l'épaule jeta des feux changeants. J'éprouvai la curieuse impression qu'elle aussi était en visite. Nous marchions dans la maison morte, l'un derrière l'autre, en silence. Les hautes glaces renvoyaient nos silhouettes glissantes. Les pièces, déjà, sentaient le renfermé et l'abandon. C'était le musée de l'absence et Manou n'était plus qu'une ombre.

– Manou, murmurai-je... tu habites bien quelque part... Tu as bien une pièce à toi... C'est celle-là que je veux voir...

Elle me précéda dans l'escalier et, au premier, recommença à ouvrir des portes sur le vide...

– La chambre d'amis... la chambre de mon mari... le cabinet de toilette... ma chambre...

Celle-là vivait. Je restai un moment sur le seuil, un bras autour des épaules de Manou. Le lit, les fauteuils... le secrétaire... le guéridon... d'un coup d'œil, j'avais pris possession de tout. En même temps, j'avais retrouvé le parfum de Manou, que j'aurais reconnu entre mille parce qu'il sentait l'herbe, le matin, l'été. Ici, mon amour m'attendait, intact, et je me penchai sur Manou qui leva la tête. Avec un emportement retenu, je posai mes lèvres sur ses yeux, sur sa bouche.

– Manou chérie, dis-je, il n'y aura jamais que toi...
Tu le sais?

– Fou, murmura-t-elle. Viens t'asseoir.

Mais la curiosité, la tendresse me poussaient d'un
bibelot à l'autre. Je voulais tout voir, tout palper,
tout respirer. J'allai du lit au secrétaire, soulevant
les lampes, explorant les tiroirs et Manou me regardait faire, avec un sourire de joyeuse complicité. Ce
pillage du bout des doigts l'amusait, la touchait, la
troublait.

– Ça, qu'est-ce que c'est?

– Ma boîte à musique, dit-elle. Ouvre...

Je soulevai le couvercle et une petite musique
grêle, fanée, un peu fausse, s'éleva. Je reconnus *la
Truite*. Manou fredonna l'air, à bouche close. Elle
s'arrêtait, parfois, pour donner à la mécanique le
temps d'exécuter les fioritures les plus difficiles,
puis reprenait, marquant doucement la mesure
comme si elle avait voulu encourager l'invisible
exécutant qui s'embrouillait dans ses notes et tâtonnait sur son épinette. A la fin, elle pinça sa robe et
fit une révérence. J'applaudis, sensible à la perfection et au charme de cette minute. Manou avait
rougi. Ses yeux s'animaient. Elle me montra la
boîte.

– Regarde à l'intérieur.

C'étaient mes lettres, dans leurs enveloppes. Je
les sortis et, s'appuyant à moi, elle en lut à haute
voix quelques passages.

– Tu écris mieux que moi, observa-t-elle. Ou
peut-être est-ce que tu mens mieux.

– Manou! Je te défends...

Elle se suspendit à mon cou. Dieu! J'ai vécu ces
moments! Ils ont existé. Et maintenant...

Je cherchai la serrure.

– Il n'y en a pas, dit Manou.

– Alors, n'importe qui... ton mari...

– Il n'entre jamais ici.

Sous les lettres, il y avait un épais carnet que Manou m'arracha des mains.

– Défendu!... C'est mon journal. Chaque soir, je me raconte ma journée. Tu ne peux pas comprendre cela, toi. Tu es un homme.

– Je peux lire? Rien qu'une page.

– Inutile.

– Qui t'a offert cette boîte?

– Personne. Elle me vient de mes grands-parents.

Je m'approchai de la cheminée sur laquelle il y avait une photographie.

– Mes parents, dit Manou. Cette photo a été prise un mois avant leur accident. C'est pourquoi j'y tiens tellement.

L'homme était grand, très brun et portait une fine moustache. Le visage de sa femme, en partie caché par les bords d'un chapeau de paille, semblait souffreteux.

– Tu ne leur ressembles guère, observai-je.

– Maman était malade, à l'époque. Les femmes ne sont pas solides, chez nous. Sa sœur, ma tante Léa, est atteinte d'un cancer. Elle est perdue.

Embarrassé, j'allai jusqu'à la fenêtre, une curieuse fenêtre en pan coupé. A travers les persiennes, je découvrais le jardin et les deux rues éclairées par un haut lampadaire d'angle, entouré d'un tourbillon d'insectes. Une allée, elle aussi bordée d'épais buissons, partait de la maison et conduisait à la petite porte de la rue Saint-James.

– Personne n'a le temps de s'occuper du jardin, dit Manou derrière moi. C'est dommage. Mais, dans une maison comme celle-ci, il faudrait plusieurs domestiques. Déjà, mon mari trouve que la bonne nous coûte trop cher.

Je me retournai vers Manou et enfermai son visage dans mes mains.

– Laisse, dis-je. Ce soir, ne pense plus à cela. Dans deux jours, nous serons là-bas. Je voudrais que ce voyage soit pour nous des vacances.

Je sentis qu'elle essayait de remuer la tête pour protester, mais je serrai plus fort. Je la fixai dans les yeux, presque durement.

– Manou... Je te promets... Je serai très prudent. Ton mari ne se doutera de rien. Vous vivrez tous les deux comme si je n'étais pas là. Tout ce que je demande, moi, c'est de te voir... tous les jours... Tu comprends? Tiens, convenons d'un code. Quand tu diras : « Quelle chaleur! », cela signifiera : « Je t'aime. » Ça, c'est une phrase que tu pourras répéter toute la journée.

J'éclatai de rire, enchanté par cette idée, et Manou, gagnée par mon entrain, répéta : « Quelle chaleur! »

– A ton tour, dis-je. Trouve un mot de code.

– Eh bien... « J'ai soif », cela pourrait se traduire par : « J'ai envie de t'embrasser. »

– Bravo, Manou. Alors, j'ai soif.

– Quoi?

– J'ai soif. Tu ne vois pas?... J'ai soif. J'ai soif.

Je la saisis par la taille. Elle chercha à dénouer mes mains.

– Non, Pierre... Je t'en prie... Pas ici.

Il y avait dans sa voix une telle frayeur que je la lâchai tout de suite. Je fis lentement le tour de la chambre, soudain exaspéré, prêt à la méchanceté. Tous ces meubles, tous ces bibelots, c'était Jallu qui les lui avait donnés, bien entendu. Les bijoux, dans le coffret d'ivoire, sur la table de chevet, c'était Jallu. Même le téléphone blanc, c'était le numéro de Jallu. En somme, à l'exception de mon bouddha en ivoire, posé sur le secrétaire, tout appartenait à Jallu. Même Manou... Surtout Manou!

— Pierre... Je n'ai pas voulu te faire de la peine.

— Mais non. Je suis habitué, tu penses!

— Tu vois. Tu es fâché... Et nous ne sommes pas encore partis. Alors, là-bas?...

— Ah! Comme j'ai eu tort de venir ici.

— Aide-moi, Pierre.

Je lui fis face. Elle avait relevé le bas de sa robe et s'apprêtait à la retirer lorsqu'une cloche tinta, au rez-de-chaussée.

— Ton mari?

— Non... ma belle-sœur, sans doute.

Elle se glissa près de la fenêtre, mais la grille, trop haute, dissimulait le trottoir. Nous attendions, figés. La cloche tinta une seconde fois, à petits coups espacés et discrets, comme une cloche de parloir.

— C'est elle, chuchota Manou. Je reconnais son coup de sonnette.

— Ton mari a une sœur?

— Oui. Qu'est-ce qu'il y a de drôle?

— Rien. Je l'ignorais, simplement. Tu vas répondre?

— Bien obligée. Elle a certainement fait le voyage de Nice pour nous dire au revoir. Si je ne bouge pas, elle téléphonera à René. Il s'étonnera. Il sait que je ne sors jamais le soir. Et puis, elle a forcément aperçu la lumière... Je suis désolée, Pierre.

— Tu veux que je m'en aille?... Mais par où?

— Viens.

Elle m'entraîna vers l'escalier, tandis que la cloche retentissait une troisième fois, avec plus de force. La cuisine s'ouvrait au fond du vestibule. Manou m'y poussa, prit au mur deux clefs suspendues par un anneau.

– La plus grosse ouvre la porte de la rue Saint-James, expliqua Manou à voix basse. Ne confonds pas. L'autre est celle de cette cuisine. Personne ne peut te voir sortir. Dépêche-toi... Garde le trousseau; j'en ai un double... Tu ne m'en veux plus?

– Manou chérie.

Je l'étreignis, comme si j'étais à l'instant de la perdre et, courbant le dos, je filai par l'allée dérobée vers la petite grille. Une fois dehors, je pris l'allure d'un flâneur et remontai à petits pas vers le carrefour. La rue de la Ferme était déserte. Je longeai la grille, tendant l'oreille, mais je n'entendis aucun bruit. Un taxi me ramena chez moi.

Les deux jours qui suivirent ne m'ont laissé qu'un souvenir très vague. Ils furent encombrés de courses et de démarches et ne pesèrent pas trop lourd. Le secrétaire de Jallu me souhaita bon voyage.

– Surtout, soyez à l'heure. Ne le faites pas attendre. Déjà qu'il est à cran, en ce moment!

J'aurais voulu lui parler de Manou. Mais elle serait à Orly, comme prévu. Rien ne pouvait plus l'empêcher de partir, maintenant. C'est pourquoi je m'interdis de lui écrire à sa boîte postale. D'ailleurs, elle ne passerait plus au bureau de poste. Il était trop tard. Lui téléphoner? Pourquoi? Pour le seul plaisir de la surprendre chez elle? Et si Jallu répondait? Aucun risque. Je raccrocherais en m'excusant. Mais si je la trouvais, elle? Je n'avais plus rien à lui dire. Tous les détails du départ étaient arrêtés. D'hésitation en scrupule, de scrupule en tergiversation, je finis par former son numéro, avec quel battement de cœur! Je comptai huit appels avant de renoncer. Il n'y avait personne. Au fond, c'était préférable. Je passai la soirée au cinéma et absorbai, en rentrant, un somnifère pour m'assommer. Je ne voulais plus penser à ce voyage impossible. Car Manou avait raison. Qu'allais-je devenir, entre eux deux? Ou bien Jallu me traiterait avec désinvolture et je ne supporterais peut-être pas d'être humilié devant Manou. Ou bien il rudoierait sa femme et je n'aurais peut-être pas longtemps la force de ronger mon frein. Ou bien il ne ferait pas attention à nous et nous serions à la merci d'une imprudence. Ou bien... La liste des « ou bien » était, en vérité, inépuisable.

Je longeai le lac, fumant cigarette sur cigarette. Le froid commençait à se faire sentir et les étoiles brillaient, comme en hiver chez nous, proches, aiguës, semblables à des éclats de verre. Les difficultés qui m'effrayaient, la veille de mon départ, je les retrouverais demain, intactes. Mais, je ne sais pourquoi, je les craignais moins, désormais. Peut-être parce que Jallu m'était devenu plus familier. Tandis que Jallu m'impressionnait encore terriblement quand je me fis conduire en taxi à Orly. Nous aurions dû, normalement, faire le trajet en car tous les trois. Mais, sans que je m'explique bien pourquoi, la rencontre me paraissait moins redoutable dans le fracas des avions en partance qu'au buffet de l'aérogare des Invalides. J'arrivai avec plus d'une heure d'avance et je me promenai dans l'immense hall où grondaient les haut-parleurs. J'étais beaucoup plus ému que je ne voulais le paraître. Ce voyage m'excitait; l'Afghanistan m'avait toujours attiré. Mais surtout c'était la première fois que j'allais me trouver dehors avec Manou. Il y avait bien eu, tout au début, notre déjeuner dans le restaurant du boulevard Saint-Germain. Il ne comptait guère. Après, nous avions vécu en nous cachant. Jamais je n'avais marché près de Manou. Jamais je ne m'étais assis près d'elle à la terrasse d'un café. En somme, j'attendais une inconnue. J'allais découvrir une femme toute nouvelle et presque étrangère, car j'ignorais son comportement avec son mari, sa manière de lui parler, de le regarder. Claire Jallu ne devait pas ressembler à Manou... Je haussai les épaules. Voilà que je romançais déjà notre rencontre. Je reconnaîtrais Manou, tout de même! Encore une demi-heure. Le Boeing à destination de Rio se mit à rouler lentement, gagnant la piste de décollage. Je me réfugiai au bar pour échapper au vacarme qui me faisait trembler les dents. Ils ne devaient plus tarder. Je guettais avec un peu d'angoisse la silhouette de Manou, parmi tant de voyageurs affairés. Et soudain je vis Jallu. Seul.

Et je ne fus pas surpris. Je me rappelle que je dis à voix haute : « Cela devait arriver! » Oui, Manou s'était arrangée pour ne pas partir. J'avais senti juste. Jallu me cherchait. Je me levai avec peine. J'avais encore quelques secondes pour me décider : je pouvais rentrer à Paris, renoncer au voyage, rester avec Manou. Pourtant, je marchai au-devant de Jallu. Il me serra la main, fort aimablement, et me donna tout de suite l'explication que j'attendais. La tante de Manou était mourante et Manou avait décidé, au dernier moment, de différer son départ. C'était l'affaire de quelques jours. Jallu s'efforçait de garder un air indifférent, mais je devinai, en lui, de la colère, plus même, de la violence et encore autre chose que je ne parvins pas à analyser. Depuis, la scène avec Blèche m'a renseigné. Jallu, à Orly, avait le même visage que lorsqu'il avait décidé le renvoi de Blèche. A coup sûr, il y avait eu, entre sa femme et lui, une scène orageuse. Je le suivis jusqu'à l'avion et, quelques instants plus tard, Paris s'effaçait derrière nous. Je quittais Manou, pour longtemps sans doute, car la maladie de sa tante n'était qu'un prétexte. Manou refusait de nous accompagner. Je ne formulais pas encore nettement cette idée. Elle ne prit corps que peu à peu, à mesure que j'eus le loisir de repenser calmement à tous ces événements. Manou avait une raison impérieuse de ne pas venir...

Et cependant, elle allait arriver par le prochain avion. Donc, je n'avais pas cessé de me tromper. Donc, j'allais toujours trop loin dans mes soupçons et dans mes doutes. J'étais tout bonnement un animal inapte au bonheur. Je décidai de nier mon inquiétude. Manou m'aimait. Jamais sa conduite n'avait été bizarre. J'étais heureux, heureux, heureux...

Je revins mélancoliquement au barrage et me couchai sans trouver le sommeil. La journée du lendemain fut exactement semblable aux précédentes : petit déjeuner, travail, déjeuner, Kaboul, retour au barrage, dîner... et, à tout instant, l'inhumaine chaleur qui faisait craquer les pierres. Jallu était toujours aussi taciturne. L'imminente arrivée de sa femme ne réussissait point à le distraire de ses soucis. En revanche, moi, je ne pouvais m'empêcher de suivre Manou par la pensée. 18 heures, Orly... Et encore non, il fallait tenir compte de la différence d'heure... Manou habillée comment ? Avec quels bagages ? Je rêvai devant une carte, songeai aux accidents possibles. Si elle m'avait écrit, si elle m'avait donné tous ces petits détails qui aident à vivre les amants séparés... j'aurais eu quelque chose de précis à imaginer... Tandis que je voyais une femme en robe du soir, errant parmi des fantômes de meubles dans une maison déserte, une Manou de moins en moins réelle, à demi détruite par l'éloignement et le silence.

— Demain matin, me dit Jallu, après le déjeuner, vous m'accompagnerez à Kaboul, monsieur Brulin. J'aurais voulu accueillir moi-même ma femme à l'aérodrome, mais je dois assister à une conférence très importante. Vous serez gentil de l'attendre à ma place.

— Mais...

— Oh! Vous la reconnaîtrez sans peine. Il n'y a jamais grand monde à l'escale de Kaboul. Nous nous retrouverons au bar du *Cecil-Hôtel*.

— Elle ne sera pas surprise que...

— Non, pas du tout. Elle sait l'importance de la partie que je joue ici. Cela ne vous ennuie pas?

— Au contraire. Je m'occuperai de tout bien volontiers.

— Tout est prêt, dit Jallu sèchement. J'ai fait aménager une chambre pour Claire près de la mienne. Le déjeuner sera servi à 2 heures.

— Ne croyez-vous pas, si elle est fatiguée...

— Claire, fatiguée! Elle est encore plus résistante que moi!

Je n'avais pas prévu la décision de Jallu; elle m'emplissait de joie. Ainsi, nous aurions une bonne heure, Manou et moi, pour nous revoir, bavarder tendrement et nous composer un visage avant le retour de Jallu. L'épreuve serait beaucoup moins rude.

Je vécus les dernières heures dans un état de

détachement extraordinaire, assez semblable, je suppose, à celui que procure la drogue. La Land-Rover volait, sur la route de Kaboul.

– A tout à l'heure, me dit Jallu. Excusez-moi auprès de Claire, et encore merci.

L'aérodrome. Le parking. Je ne pouvais plus tenir en place. Malgré la chaleur, je restai dehors, le long de la grille. La tête me tourna quand le haut-parleur annonça le Boeing. J'avais des jambes de plomb. L'avion étincelant prit son terrain, très loin, roula longtemps avant de décrire un demi-cercle et de s'approcher, au petit pas, tandis que les employés poussaient à sa rencontre la haute échelle. J'étais incapable de faire un mouvement. La porte ovale s'ouvrit dans le flanc de l'appareil. Les voyageurs apparurent... des hommes... une femme... une autre... J'arrachai mes lunettes de soleil et la réverbération dévora les silhouettes... En tout, quatre femmes qui descendaient lentement l'échelle, une petite valise bleue à la main. J'aurais déjà dû l'apercevoir... Des groupes se formaient. Un officier dévala en riant, rejoignit une hôtesse. Il n'y avait plus personne sur l'échelle... Voyons! C'était impossible. Les voyageurs entraient dans les bureaux de la douane. Je cherchais toujours des yeux. Elle était en retard... un sac égaré, peut-être... ou son billet, qu'elle ne retrouvait plus... Mais déjà s'élevait en moi une voix que je ne pourrais plus faire taire : « Elle n'est pas venue... Elle ne viendra pas... Elle ne viendra jamais... Tu ne la reverras pas... C'est fini, Manou. C'est fini! C'est fini! »

– Monsieur Brulin?

Je me retournai vivement. Une jeune femme se tenait devant moi. Elle avait posé sur le ciment ses deux valises et essuyait ses mains moites avec un minuscule mouchoir.

– Je vois que vous attendez quelqu'un, dit-elle. Moi aussi. Vous êtes bien monsieur Brulin?

– Oui.

– Je suis madame Jallu.

Elle rit, sans le moindre embarras, et me tendit la main.

– C'est gentil à vous d'être venu, reprit-elle. Je me doutais bien que René serait occupé. Il va bien?

– Oui.

Je répondais comme une machine. J'étais devenu un automate. Je regardais mon double prendre les valises et se diriger vers la voiture. Moi, je suivais. J'étais comme décalé, sorti de ma peau. Je me répétais : « C'est un coup de chaleur. C'est sûrement un coup de chaleur. » Mais la jeune femme qui trottinait près de moi était bien vraie, bien présente. Je commençai, peu à peu, à faire attention à elle, avec une méfiance mêlée de je ne sais quel dégoût. Elle était petite, menue, blonde, les cheveux tirés en arrière et formant sur la nuque une boule artistement nouée. Beaucoup de chic. Beaucoup d'aisance. Elle n'espérait tout de même pas abuser Jallu? Alors, que signifiait cette comédie? Elle ne cessait pas de parler, tout heureuse d'être arrivée et de découvrir un pays nouveau. Son voyage avait été agréable malgré un peu de tempête au-dessus de la Méditerranée. Elle avait rencontré dans l'avion un ami de son mari, Georges Larue, ingénieur des mines, et, grâce à lui, le temps avait passé très vite. Je m'aperçus que, si je continuais à garder le silence, j'allais me conduire en malappris.

– Je suis désolé pour votre tante, dis-je.

– Ah! René vous a tenu au courant. C'est bien triste. Pauvre tante Léa; je l'aimais beaucoup. Je n'avais qu'elle.

– Vos parents?

– Je les ai perdus il y a longtemps, dans un accident d'auto.

Je rangeai rageusement les bagages à bord de la Land-Rover. J'étais hors d'état de réfléchir mais je haïssais cette femme tranquille, sûre d'elle-même, qui me souriait gentiment en s'asseyant près de moi.

– Monsieur Jallu nous rejoindra au bar du *Cecil-Hôtel*, dis-je, et je démarrai brutalement.

Mes mains tremblaient sur le volant. J'avais hâte de voir arriver Jallu pour tirer au clair cette histoire idiote. Je roulai à mort jusqu'à Kaboul. L'inconnue semblait aimer la vitesse. Elle ôta ses lunettes noires et offrit son visage au vent brûlant.

– Il y a un casque pour vous, derrière, criai-je.

Elle ne bougea pas, ne m'entendit peut-être pas; de confuses insultes me vinrent aux lèvres. J'avais l'impression que Manou se jouait de moi d'une manière atroce. Avait-elle envoyé quelqu'un à sa place? Cela ne tenait pas debout. Et, dans ce cas, comment expliquer le calme de cette femme?

Je ralentis et garai la voiture à l'ombre, dans une ruelle, près de l'hôtel.

– Mon mari m'avait prévenue, dit-elle, mais je m'attendais à voir une ville plus grande, malgré tout. Ce n'est pas laid... Ces montagnes sont belles.

Je lui tendis le casque colonial.

– Mettez ça... ou gare à l'insolation.

– Je vais avoir bonne mine... Franchement, Pierre?

Cette familiarité m'exaspéra. J'observai, avec raideur.

– Vous n'avez donc jamais porté de casque?

– Oh si!... Autrefois... à Bombay. Le moins possible!

D'un grand geste, je chassai deux chiens faméliques qui reniflaient près de mes jambes. Quel était donc ce jeu auquel je me livrais, sans y croire? Qu'est-ce que j'espérais?

– Je boirais bien quelque chose, dit-elle. Il est loin, ce bar?

– Nous y sommes.

Je poussai la porte. Elle entra, toujours souriante et détendue, choisit elle-même une table près de la baie d'où l'on pouvait voir le mouvement de la rue. Je regardai l'heure. Jallu ne devait pas tarder. Je remarquai alors qu'elle était vêtue d'un tailleur sombre. Ce détail m'avait échappé. Ses yeux, aussi... Ils étaient bruns, avec des reflets jaunes.

– Qu'est-ce que vous désirez? Ici, on boit surtout du whisky.

– Eh bien, un Gilbey's.

Je faillis dire : « Manou n'aime pas le whisky. » J'appelai Mustapha et lui commandai deux whiskies à l'eau.

– Est-ce que vous êtes bien installés, au barrage? demanda-t-elle. René prétend que c'est confortable, mais lui, il se trouve toujours bien partout.

Je commençai à lui parler du barrage. Elle m'arrêta tout de suite :

– Ne m'appelez pas madame, voyons. Nous allons vivre en camarades pendant des semaines. J'ai déjà mené cette existence, vous savez. C'est celle d'un camp. Est-ce que j'exagère?... Alors, pas de cérémonie.

— Monsieur Jallu n'aime pas les familiarités.

— Oh lui!... De vous à moi, Pierre... comment est-il avec vous? Distant?... Brusque?...

— Raide.

— Je m'en doutais. Il ne faut pas lui en vouloir. Il a tellement de soucis. Et puis, c'est son caractère... Il est souvent bizarre. Il n'a pas fini de vous étonner. Quand il a ses humeurs noires, croyez-moi, faites celui qui ne voit rien. Oh! regardez!

Elle me montrait une tonga, tirée par un vieux cheval couvert de mouches. Derrière la voiture marchaient deux paysans loqueteux, le fusil à l'épaule.

— Ici, expliquai-je, les indigènes adorent les armes. Ils se sentiraient nus sans leur fusil.

Elle ne m'écoutait pas. Elle avait seulement voulu changer de sujet. Elle but. Son alliance brilla. C'était une mince bague de platine, incrustée de minuscules brillants. Manou, elle, ne portait pas d'alliance.

— Vous allez regretter Paris.

— Je ne crois pas, dit-elle. Nous habitons un endroit assez retiré. Voyez-vous la rue de la Ferme? Non? C'est à Neuilly... La maison est triste, bien trop grande pour nous... René s'absente très souvent. Je ne peux pas dire que je me plaise beaucoup, là-bas. S'il n'y avait pas mes livres!

— Vous écrivez?

— J'essaie. Vous allez vous moquer de moi. Vous êtes un maître, vous.

Pas la moindre fausse note dans sa voix. Elle se racontait spontanément, avec simplicité et naturel. C'était stupéfiant.

— Un maître, moi! Allons donc!

– René m'a mise au courant. Je trouve votre métier passionnant.

Et soudain, je vis Jallu. Il longeait le mur, pour profiter de l'étroite bande d'ombre qui formait, en bordure de l'hôtel, un mince passage de fraîcheur. Il allait survenir à l'improviste. Je baissai les yeux pour ne pas donner l'éveil à la jeune femme. Elle tournait le dos à la porte. La surprise serait totale. Jallu entra, retira son casque et ses lunettes, agita la main quand il nous aperçut. Je me levai. Jallu, déjà, se penchait vers la table.

– Bonjour, Claire. Avez-vous fait un bon voyage?... Non, ne bougez pas.

Ils s'embrassèrent paisiblement, comme deux époux qui sont heureux de se rejoindre et de reprendre leurs habitudes. Jallu s'assit entre nous deux.

– Un soda pour moi, lança-t-il à Mustapha.

Il était presque enjoué et regardait Claire avec une tendresse qui transformait son visage habituellement crispé. Et Claire aussi le regardait, avec la même attention, la même vigilance, et quelque chose de caressant dans la bouche, dans le sourire un peu retenu. Ces deux-là s'aimaient, j'en eus la conviction instantanée et profonde. Ils m'avaient oublié. La tête perdue, je les écoutais. Claire racontait la mort de sa tante, l'enterrement à Versailles...

– Je n'ai pas envoyé de faire-part, disait-elle. La pauvre femme ne fréquentait plus personne depuis longtemps. Maury a été parfait. Il m'a retenu une place d'avion. Pratiquement, je n'ai eu à m'occuper de rien. Avant de partir, j'ai payé le gaz et l'électricité... Larue vous envoie ses amitiés.

– Qu'est-ce qu'il devient?

– Il est chargé d'une mission, au Japon... Si vous aviez pu venir au terrain, vous l'auriez rencontré. Toujours dynamique, plein de projets.

Un vieux ménage! Et moi!... Moi, je venais de perdre Manou. Deux fois. Non seulement je ne savais plus où elle était, mais encore j'ignorais, maintenant, qui elle était.

– Excusez-moi, dis-je. Je reviens tout de suite.

– Demandez un autre whisky, voulez-vous? dit Claire. J'ai soif!

Je restai une seconde interdit. « J'ai soif! » Le mot code. « J'ai envie de t'embrasser. » J'eus mal jusqu'au fond de l'âme et m'éloignai précipitamment, me répétant, les poings serrés : « Tu ne vas pas te mettre à pleurer... Imbécile!... Imbécile!... » Je me réfugiai aux toilettes, emplis mes mains jointes d'une eau qui sentait le désinfectant et m'aspergeai la figure. Manou! Vivre sans Manou ! Je n'avais plus qu'à faire mes valises et rentrer à Paris par le prochain courrier. Et à Paris?... Qu'est-ce que je ferais? Non. Il valait mieux attendre, interroger Claire. Mais qu'est-ce que je lui demanderais? La température était étouffante, dans cet étroit réduit, et je me sentais vraiment malade. Je sortis, sans avoir rien décidé. De toute façon, je n'en étais pas à un jour près. Peut-être le mystère allait-il s'éclaircir de lui-même, grâce à un mot, une allusion? Je commandai deux whiskies et repris ma place. Jallu expliquait à sa femme pourquoi les négociations traînaient. Les Américains attaquaient son projet, mais le roi leur prêtait des arrière-pensées politiques. Il hésitait encore. Jallu évoluait, parmi ces intrigues à l'orientale, avec une souplesse étonnante. Il se donnait, imperceptiblement, le beau rôle et guettait l'approbation de Claire. Les confidences de Manou ne m'avaient guère préparé à découvrir ce nouvel aspect du caractère de Jallu. Elle avait donc menti? Mais ne m'avait-elle pas toujours menti!...

– Vous avez l'air fatigué, monsieur Brulin, dit Claire.

– Eh bien, rentrons, décida Jallu. Vous pourrez conduire? Voulez-vous me laisser le volant?

– Non, non, fis-je.

Mais l'air brûlant me suffoqua dès le seuil. J'amenai la voiture devant l'hôtel. J'étais couvert de sueur, malade de chagrin, dégoûté de tout. Heureusement, mes réflexes étaient sûrs et, d'ailleurs, il n'y avait personne sur la piste. Je pouvais zigzaguer tout à mon aise et ne m'en privai guère, l'oreille tendue pour saisir des bribes de leur conversation. J'étais décidé à les espionner sans relâche, car si Manou connaissait intimement les Jallu, de toute évidence les Jallu connaissaient également bien Manou. Je n'avais même que cette certitude, dans la débâcle de mes pensées. Peut-être se mettraient-ils, sans méfiance, à parler d'elle? Mais j'ignorais le nom véritable de Manou. Comment saurais-je, s'ils venaient à faire mention d'une jeune femme de leur entourage, qu'il s'agissait précisément d'elle?...

Mais je ne pouvais à la fois écouter et réfléchir. Je n'entendais pas grand-chose. La Land-Rover ferraillait allégrement et, sur les portions de terrain où je devais enclencher le second pont, toute conversation devenait impossible. Il était surtout question du barrage. Jallu mentionna le nom de Blèche.

– Blèche! dit Claire. Cet ingénieur que... (Ornière, nids de poule, changement de vitesse.) Tu crois qu'il peut te nuire? (Ils se tutoyaient quand ils se croyaient seuls. Normal.)

– Lui! Il a toujours rêvé de me démolir.

– Il n'a aucune influence.

– Détrompe-toi. Il lui suffirait de... (Coup de frein. Passage en première.)

– La route n'est pas fameuse. Vous la faites tous les jours?

– Il faut bien.

Claire baissa la voix.

– Ton secrétaire a l'air charmant.

– C'est un garçon de valeur.

Cette remarque de Jallu contribua beaucoup à me rendre à moi-même. J'y puisai sur-le-champ la confiance qui m'avait abandonné. Je me devais de tirer toute cette affaire au clair. Mais je revis la chambre que Manou m'avait montrée, et je retombai dans le désespoir. Dès que j'essayais de former une hypothèse, de mettre deux idées bout à bout, c'était de nouveau le chaos. Les clefs, par exemple... Les deux clefs que j'avais rangées dans le tiroir de mon bureau, avant de quitter Paris, ce n'était pas une illusion, cela... ces deux clefs que Manou avait décrochées dans la cuisine, avec la promptitude, la sûreté de geste de quelqu'un qui vit dans un cadre familier et s'y déplace les yeux fermés... ces deux clefs appartenaient bien à Mme Jallu.

– Je t'ai fait préparer la meilleure chambre, dit Jallu. Elle communique avec la mienne. Je travaille souvent très tard.

– Oui, je comprends.

Le soleil me martelait le crâne, malgré le casque. Encore cinq kilomètres de pierraille surchauffée. Le grondement du moteur me paraissait sortir de moi, de mes pensées surmenées. Je connaissais Jallu! Et puis, j'avais le témoignage de mes yeux. Dès qu'il avait vu cette femme, son visage s'était éclairé. A

76

quoi bon nier l'évidence? C'était Claire, sa femme. Claire... Manou... Claire... Je ralentis, au bord du malaise. Des étincelles dansaient devant moi, sur la route ardente.

– Tu en as encore pour longtemps, ici?

– Un mois, dit Jallu. Un bon mois, en mettant les choses au mieux. Si tout va bien, je... (Virage. La voiture, d'un coup de rein, se hissa sur le plateau. Le lac apparut.) Dans la journée, je suis rarement au barrage. Mais Brulin te tiendra compagnie.

– C'est impressionnant, dit Claire. Tu m'avais prévenue, mais ça dépasse tout ce que je m'étais figuré...

Ils se turent; Claire s'était levée, derrière moi, pour mieux regarder. Le lac incandescent vibrait, dans une buée de chaleur. Les rochers, rougeâtres, reflétaient une lumière sauvage dont on sentait, sur les joues, sur les mains, l'éclat torrentiel.

– C'est la plus mauvaise heure, dit Jallu.

J'atteignis le poste de garde où sommeillaient deux sentinelles, accroupies à l'ombre de la cabane, et je laissai glisser le véhicule vers l'aval, jusqu'aux bâtiments. Jallu aida sa femme à descendre. Interdite, elle contemplait le mur, si parfaitement lisse que le regard ricochait jusqu'au ciel. Le fracas de la chute d'eau accentuait bizarrement l'impression de solitude. Ce que j'avais ressenti à mon arrivée, j'étais sûr que Claire l'éprouvait à son tour. Elle hochait la tête, un peu perdue. Jallu croyait qu'elle admirait. Moi, je savais qu'elle avait peur. Il se tourna vers moi.

– Je vous remercie, monsieur Brulin. Rendez-vous au bar. Vous avez bien mérité de vous rafraîchir.

Je me traînai jusqu'à la douche, puis m'étendis,

nu et mouillé, sur mon lit de camp. Manou! C'était un cri silencieux qui se formait tout seul dans ma chair, éclatait dans ma tête douloureuse. Manou! Manou qui m'avait trahi! Manou que j'allais trahir, moi aussi, en m'efforçant de la détester. Car elle avait soigneusement calculé son coup... Je me rappelais son désarroi, le jour où je lui avais annoncé que je partais... A l'instant même, elle avait décidé de rompre... et elle avait tout préparé, tout mis au point... et maintenant, je ne pouvais ni lui écrire ni lui téléphoner. Elle n'avait ni nom ni adresse. Elle n'était plus personne...

Je me remis sous la douche, éternuai, mouchai du sang. Soudain, j'eus la bouche baignée de sang. Je semai des gouttes rouges partout autour de moi. Je penchai la tête en arrière. Cette hémorragie me soulageait, me délivrait de Manou. Une serviette sur le nez, je revins me coucher. Est-ce que tout ne commençait pas à s'éclairer? Pourquoi n'avait-elle jamais accepté de sortir avec moi? Parce qu'elle craignait de rencontrer quelqu'un qui l'aurait abordée, saluée de son vrai nom. Cela expliquait la boîte postale, ses précautions pour me cacher son identité. Elle n'habitait pas – elle n'avait jamais habité – l'hôtel de Neuilly.

Je respirais mieux. Je devenais capable de suivre un raisonnement et tant pis si j'étais en train de tuer le souvenir de Manou. J'avais besoin de savoir, de savoir à tout prix. Donc, elle n'habitait pas l'hôtel de Neuilly. Et la preuve, c'est que, pour m'ôter tout soupçon, elle m'y avait invité, juste avant son départ. La preuve, c'est qu'elle m'avait dit, quand je l'avais prise dans mes bras : « Pas ici, je t'en prie. » Elle était en visite, comme moi. J'en avais d'ailleurs eu le sentiment fugitif au moment où nous parcourions la maison, avec ses meubles morts sous leurs suaires. Mais alors, sa chambre?... Eh bien, c'était celle de Claire. Manou, arrivée bien avant moi, avait eu le temps de placer mes lettres dans la boîte à musique, de déposer bien en vue le petit bouddha. En somme, ces lettres seules et le bouddha lui appartenaient. Le reste était à Claire. La photographie des parents?... Les parents de Claire, évidemment.

Un dernier trait de lumière acheva de me convaincre. Le coup de sonnette? C'était Claire qui revenait, Claire qui n'avait plus de clefs parce qu'on les lui avait prises. Non, là, j'allais trop vite. Manou n'aurait pas ouvert à la personne qui venait de sonner. Mais qu'est-ce qui me prouvait, justement, qu'elle avait ouvert après mon départ? La visiteuse, quelle qu'elle fût, avait dû se lasser et faire demi-tour; voilà pourquoi j'avais trouvé la rue vide. Bien des détails restaient encore mystérieux. Est-ce que Manou aurait laissé traîner son parfum dans une pièce habitée par une autre femme? Au fait, je n'avais pas fait attention au parfum de Claire. Mais, s'il avait été identique à celui de Manou, je n'aurais pas manqué de le remarquer. Dans l'ensemble, mes explications tenaient. Manou m'avait menti. Bien plus, elle m'avait roulé. Le mot était peut-être laid mais il n'y en avait pas de meilleur. Elle s'était jouée de moi, en empruntant, depuis le premier moment, la personnalité de Claire Jallu.

Je me souvins brusquement qu'ils m'attendaient au bar et me relevai précipitamment. J'allais mieux. Ce saignement de nez m'avait dégagé la tête. Je me lavai le visage. Un short immaculé, une chemisette, des chaussettes blanches, j'étais de nouveau présentable. Tout en m'habillant, je répondis encore à une objection : le journal, le journal quotidien de Manou. Parbleu, c'était celui de Claire. Manou n'avait eu qu'à le lire pour ressembler, point par point, à son modèle. Dès que je me donnais la peine de réfléchir, les solutions s'offraient en foule. Bien sûr, tout restait à vérifier. Mais n'avais-je pas Claire sous la main? Il me suffirait de l'interroger adroitement. Et après?

Oui, où voulais-je en venir? Manou m'avait trompé, soit. Mais elle m'avait aimé. Peut-être beaucoup plus que je ne l'avais cru, justement parce qu'à chaque instant elle risquait d'être démasquée. Voilà pourquoi elle était toujours si inquiète quand elle venait chez moi. Allons! Je n'allais pas m'attendrir. Manou n'était qu'une garce. Je fermai les yeux, le ventre noué par cette douleur qui n'en finissait plus. J'aurais beau faire! Manou demeurerait la seule vraie, la seule pure, la seule fidèle. Ma colère allait nourrir mon amour, patiemment, férocement, jusqu'à l'obsession... Je voyais juste; je le sais maintenant.

Je descendis au mess. Claire avait revêtu une robe légère, en tissu imprimé. Elle s'était remaquillée, discrètement. De loin, je sentis son parfum. Celui de Manou. Ou plutôt, non... c'était Manou qui... Je recommençais à m'embrouiller. Je m'assis en face d'elle, l'esprit en déroute, une fois de plus.

— René a été appelé au téléphone, me dit-elle. Comment vous sentez-vous? Tout à l'heure, vous aviez l'air malade...

Ses yeux clairs cherchaient les miens avec douceur et franchise. Elle était de ces filles directes, sans façon, sans mystère, qui offrent tout de suite leur amitié. Je sentis fondre mon ressentiment. Elle n'était pour rien, en vérité, dans mon malheur.

– J'ai souvent des migraines, expliquai-je. Je m'acclimate difficilement.

– Vous vous ennuyez peut-être un peu?... Non, pas d'alcool pour monsieur Brulin. Un jus de fruits.

Elle renvoya Hassan avec fermeté et je lui sus gré de se préoccuper ainsi de moi.

– Non, dis-je, je ne m'ennuie pas. C'est un endroit idéal pour travailler, au contraire.

– Est-ce qu'il y a des promenades à faire dans les environs?

– Il n'y a pas d'environs. Il y a la montagne, partout, aussi nue, aussi inhumaine qu'ici.

– Enfin, ce pays n'est quand même pas un désert?

– Non... Certaines vallées sont très fertiles, je crois. Mais il faut aller loin, et vous avez vu l'état des pistes.

– René ne m'avait pas tout à fait présenté la situation sous ce jour, murmura-t-elle rêveusement. Si je comprends bien, quand on est ici, on y reste.

Je protestai pour la forme :

– Le matin, de bonne heure, et le soir, à la nuit tombante, on peut sortir, faire le tour du lac. Et puis, il y a toujours la ressource d'aller à Kaboul. Vous y trouverez des Américains, des Anglais, des Allemands, mais peu de Français, des petits fonctionnaires pour la plupart. Tout le monde se donne rendez-vous au *Cecil*. Tout le monde déchire tout le monde, en s'imbibant de whisky.

– Je connais ça. C'était la même chose à Bombay.

– Mais vous ne m'avez pas parlé de vos livres...
Vous aurez tout le temps de les achever. Voilà une
bonne distraction!

– Ne vous moquez pas, dit-elle. D'abord, je n'ai
que des notes. Dès que je veux en tirer quelque
chose de construit, d'organisé, le cœur me manque.
Et pourtant, j'ai pas mal voyagé avec René. J'ai
approché beaucoup de gens curieux. J'ai sûrement
la matière d'un bon roman.

– Ces notes... vous les avez apportées?

– Non. Je les ai laissées à Paris.

– Voyons... comment se présentent-elles? Je m'excuse d'être si indiscret, mais c'est mon métier qui
me reprend... Est-ce qu'il s'agit de souvenirs bruts...
de faits, de dates, d'anecdotes?

– Non... Il s'agit plutôt d'un brouillon, mais
encore très informe. Et ça n'ira jamais beaucoup
plus loin, je le crains. Je n'ai pas assez d'imagination.

– Vous ne connaissez pas une personne qui
puisse vous aider?... Parmi vos amies?... Vous avez
bien une ou deux amies intimes, à qui vous vous
confiez?

– J'ai surtout des relations. Mais des amies...
non.

Jallu revint et je soupirai d'impatience. J'étais
peut-être sur le point de découvrir la vérité. Si
Manou avait eu connaissance de ces notes... comme
elle ne manquait pas d'imagination, elle aurait pu...
J'avais déjà rencontré de ces femmes prêtes à tout
pour être publiées!

– Si vous voulez déjeuner, dit Jallu. Tout est
prêt.

Le repas fut vite expédié. Je n'avais guère envie
de bavarder et Jallu, tout à ses projets, ne s'aperce-

vait pas que la conversation traînait. Claire nous interrogeait sur les ressources du pays, la nourriture, la vie au barrage. Elle àvait le sens du détail pratique, ce qui m'a toujours irrité. Je devinais qu'elle allait s'installer, essayer de prendre en main notre existence de célibataires pour lui donner quelque chose de familial. Cela ne me plaisait pas du tout. J'étais attaché à mon désordre. Manou avait su le respecter. Mais il y avait, chez Claire, une gaieté, une vitalité, mieux : une limpidité qui avaient raison, peu à peu, de mes réticences. Quand je comparais les deux femmes, j'étais forcé de reconnaître que Claire était l'image même de la paix et de la sécurité. Moi qui n'avais jamais connu ma mère, j'étais plus ouvert qu'un autre à une certaine influence féminine. Manou ne possédait pas ce rayonnement tranquille. Stop! Direction interdite. Si je me mettais à penser à Manou...

— Vous rêvez, monsieur Brulin, dit Claire. Tenez, passez-moi votre assiette.

Elle s'amusa, devant le samovar énorme, qui ressemblait, avec ses deux ballons, à quelque récipient d'alchimiste.

— Qu'est-ce que vous allez faire cet après-midi? demanda Jallu.

— Moi, je vais arranger ma chambre, répondit Claire.

— Et moi, je vais travailler un peu.

— Parfait. Quand ma femme sera reposée, montrez-lui les installations. Je vous retrouverai à l'heure du dîner.

Jallu embrassa Claire sur la tempe, très vite, et me serra la main, ce qui était une rare preuve de bonne volonté. Claire se leva.

— Je vous ai apporté quelque chose, Pierre.

Je l'accompagnai dans sa chambre, une cellule de béton semblable à la mienne. Elle fouilla parmi ses valises défaites, me tendit un petit paquet enveloppé dans du papier de soie. D'emblée, je sus que c'était le stylo que j'avais demandé. J'ouvris l'étui, et le cœur me manqua. Ce n'était pas n'importe quel stylo, mais le Waterman de luxe dont j'avais parlé, un jour, à Manou.

« Je te l'offrirai si tu es bien sage », m'avait-elle répondu.

« Bien sage ». Cela signifiait : « Si tu ne me poses pas de questions... Si tu m'acceptes comme je suis... » Je revoyais la scène. Je revoyais Manou, assise sur le divan, une tasse de thé à la main. C'était, oui... le jour où je lui avais signé un chèque. Je ne songeais même pas à remercier Claire. J'étais à Paris. Manou était là.

— Il ne vous plaît pas?

— Pardon?... Si, justement... Excusez-moi, je suis confus... Mais pourquoi ce Waterman?

— Je ne sais pas. C'est le vendeur qui me l'a conseillé. Il paraît qu'il est complètement étanche, même en avion. Moi, je n'y connais pas grand-chose.

Evidemment! Pourquoi pas ce Waterman?... Qu'est-ce que j'étais allé supposer? Je tirai mon portefeuille.

— Non, dit 'Claire. Non. Je n'accepterai pas. Je vous l'offre. Vous aidez mon mari. S'il réussit cette affaire, ce sera, pour une part, grâce à vous. Je serais bien vexée si vous refusiez... Soyez simple, Pierre... C'est de bonne amitié.

Elle m'ôta des mains le stylo et le glissa dans ma poche de poitrine.

– Il vous portera bonheur, ajouta-t-elle. Vous vous en servirez pour écrire votre livre. Je serai romancière par personne interposée.

Elle riait, avec je ne sais quelle trace d'amertume. Je sentis que j'étais peut-être bien loin de la vérité. J'avais sans doute beaucoup à apprendre sur Claire Jallu.

Je vivais comme un fantôme, entre la réalité et le rêve, entre Claire, qui était comme une incarnation de Manou, et Manou, qui paraissait être l'ancienne forme de Claire. Je relis ces lignes. Elles traduisent sans exagération ce que j'éprouvais alors. Car il y avait, entre ces deux femmes, quelque chose d'inter-changeable, pour ainsi dire. Je m'étais figuré que j'allais jeter un peu de lumière sur le passé de Manou en découvrant celui de Claire. Il ne faisait pas de doute, dans mon esprit, que Manou apparte-nait à l'entourage de Claire. Donc, en recueillant les confidences de Claire, je devais infailliblement ren-contrer Manou. Or, pas du tout. Plus Claire me parlait d'elle-même et plus je croyais entendre Manou. J'ai oublié le détail de ces journées, toutes pareilles. Je ne me souviens plus de la plupart de nos conversations. Je n'ai retenu, de cette période, à certains égards affreuse, que les « moments chocs ». En apparence, c'étaient des moments comme les autres. Pour moi, c'étaient des minutes d'étouffement, de vertige, des trous d'air. J'avais l'impression de tomber à la verticale, comme il arrive dans certains cauchemars. Par exemple, le soir où Claire fredonna *La Truite*. Nous nous promenions sur la rive orien-tale du lac, la plus désolée. Le lac s'étendait sans une vague, sans un pli, d'une rive à l'autre. Il ne vivait que par les étoiles qu'il commençait à refléter. Et Claire, entre ses dents, se mit à chantonner *la Truite*. Pourquoi, justement, cet air? Je le lui demandai.

— Je ne sais pas, répondit-elle, surprise. Sans doute parce que c'est l'heure, chez nous, où les poissons sautent, chassent. Il n'y a donc pas de poissons, dans ce lac?... Pourquoi cherchez-vous toujours les raisons des choses?

Cela aussi, Manou me l'avait déjà dit. Coïncidence. Facile à expliquer, bien sûr! Mais pourquoi l'air de Schubert, pourquoi lui? J'insistai. Claire réfléchit et se mit à rire.

— J'ai trouvé, dit-elle. Quand vous viendrez me voir à Paris... vous viendrez, n'est-ce pas? J'y compte bien... je vous montrerai une vieille boîte à musique. Elle appartenait à mes grands-parents. Vous l'ouvrirez, et elle vous jouera *la Truite*. J'ai tellement entendu cette ritournelle qu'elle fait partie de moi, maintenant. Je ne m'aperçois même plus que je la chante.

C'était évident! Je venais d'oublier que c'était *sa* boîte à musique, à elle et pas à Manou. C'était Manou l'intruse. Pas elle. Je confondais toujours.

— Et qu'est-ce que vous cachez dans cette boîte? dis-je.

— Je n'ai rien à cacher, protesta-t-elle. J'y mets des lettres, mes carnets.

— Quels carnets?

— Vous voulez tout savoir, alors?

— C'est mon métier d'être curieux.

— Mon journal... Allez, moquez-vous!

— Je ne me moque pas, je vous assure.

Des lettres! Mes lettres! Non, pas mes lettres!

J'avais tort de me faire mal, pour le plaisir. Mais je ne pouvais m'empêcher d'évoquer ma dernière soirée là-bas. Je sentais encore dans ma main le poids de toutes ces lettres d'amour dont nous avions relu certaines, elle et moi, Manou et moi. Qu'avait dit Manou? « Tu écris mieux que moi... ou peut-être tu mens mieux. » Elle mentait donc. J'en étais de plus en plus persuadé, sauf dans quelque partie de mon esprit où se refugiait une négation obstinée. Manou était peut-être capable de dissimuler. Pas de mentir. Pas de jouer un rôle, avec cette perfection sans défaillance. J'interrogeais sa voix, que j'entendais toujours. Et sa voix était toute tendresse, avec la même petite note désespérée. Alors, c'était la chute, l'abominable décrochement des entrailles. Je ne savais plus. A peine si je reconnaissais ces eaux noires et le grondement lointain du barrage. Si j'avais rencontré Claire ailleurs, je suis certain que mon tourment n'aurait pas pris ce tour morbide... Enfin, je le crois. Mais ici, le soleil et le bruit avaient quelque chose de forcené et d'implacable. Le bruit, surtout. Cet écoulement sans fin qui émoussait, à la longue, l'attention et frappait chaque pensée de langueur. Le torrent faisait vibrer le sol. Les machines faisaient vibrer l'ouvrage. Et quand on s'évadait, il fallait se servir de la Land-Rover qui bringuebalait sur les pistes. La lumière, à son tour, emplissait le ciel d'un tremblement de chaleur. C'était un monde insidieusement fébrile et contagieux. La fièvre du barrage! Elle me rongeait.

– Pierre, vous êtes drôle!

Claire m'observait avec inquiétude. Un jour, elle me dit :

– Pierre, vous êtes malheureux!

Et je compris que j'étais en danger, qu'il me fallait

être vigilant si je ne voulais pas tout lui raconter. Qu'est-ce qui m'empêchait de lui avouer la vérité? Nos rapports étaient vite devenus très familiers. Nous passions pratiquement toutes nos journées ensemble. Je travaillais encore un peu pour Jallu; je l'accompagnais à Kaboul de temps en temps. Mais il préférait me savoir près de sa femme. Il m'avait donné mission de la distraire. Cela aussi était un mystère. Pourquoi avait-il obligé Claire à le rejoindre s'il savait d'avance qu'il n'aurait aucun loisir à lui consacrer? Pourquoi avait-il besoin qu'elle fût là, s'il devait être absent du matin au soir? Je les soupçonnais de ne pas bien s'entendre, sans en avoir la moindre preuve, car Jallu était toujours aussi attentif, aussi prévenant qu'il pouvait l'être envers sa femme. D'ailleurs, mes doutes étaient absurdes. Ils provenaient des confidences que j'avais reçues de Manou, quand je croyais qu'elle était Mme Jallu. Confidences inventées de toutes pièces dans un but qui m'échappait toujours. Et pourtant, j'épiais Claire et son mari, comme si Claire avait été Manou. Bien plus, il m'arrivait de ressentir un mouvement de jalousie quand Jallu, à table, faisait allusion à un détail de leur vie passée, mentionnait un nom, rappelait un souvenir. Je m'en voulais aussitôt. J'étais ridicule. N'empêche! Mes contradictions subsistaient. J'en arrivais à admettre que Claire fût la femme de Jallu sans me résigner au fait que Jallu fût le mari de Manou. C'en devenait comique. Mais cela me détruisait lentement. Je me rendais bien compte que ma conduite avait de quoi surprendre. Avant l'arrivée de Claire, je buvais volontiers un verre avec l'un, avec l'autre. J'avais plaisir à bavarder avec les ingénieurs. Quelquefois, j'allais leur rendre visite quand ils étaient de service à l'usine. J'aimais la petite peur que j'éprouvais toujours quand je pénétrais dans les immenses salles où les alternateurs, plus hauts que des locomotives, tournaient vertigineusement. Derrière la paroi, il y avait le lac, pesant de toute sa masse. Je touchais le mur, posais ma main sur le ciment rugueux, toujours surpris qu'il n'éclatât pas sous la poussée inimaginable des eaux arc-boutées. Maintenant, je ne causais plus qu'avec Claire. Le reste, hommes et choses, avait cessé de m'intéresser. Quand la chaleur était trop forte, nous nous retrouvions sur la terrasse ou bien dans nos chambres, tantôt la mienne, tantôt la sienne. Inévitablement, nous parlions de Paris. Elle fabriquait des rideaux, taillait, cousait. Moi, je fumais. Portes closes, nous échappions pour un temps au vacarme. Il fallait, cependant, brancher le ventilateur qui promenait son souffle, de droite à gauche, de gauche à droite, sur nos visages, sur les cheveux de Claire qu'il bousculait au passage. Elle riait :

– Je vais avoir l'air d'un chien fou.

J'avais alors envie de tout lui dire, de lui demander : « Qui, parmi vos proches, a bien pu vouloir prendre votre place, se faire passer pour vous ? Qui connaît votre vie au point d'emprunter jusqu'à vos souvenirs, vos habitudes, vos goûts et vos manières ? » C'était facile et pourtant je n'arrivais pas à me décider. Je me refusais à accuser Manou ; je ne voulais pas entendre une autre femme l'accabler. Surtout, je n'étais pas pressé d'apprendre que Manou s'appelait, en réalité, Yvonne ou Suzanne, qu'elle était mariée avec quelque fonctionnaire et qu'elle s'était servie de moi pour échapper à la médiocrité de son existence. Il y a des vérités pires que des mensonges. Mais j'avais aussi d'autres raisons de me taire et d'attendre. Elles m'apparaissent avec clarté, maintenant que le passé a pris sa perspective et son sens dernier. Elles m'étaient alors beaucoup moins accessibles. Comment m'expliquer? Ces heures d'intimité étaient douces. Claire croyait que je m'intéressais à elle au moment où je ne pensais qu'à Manou. Ma tendresse pour l'absente prêtait sans doute à mes propos quelque chose de caressant et de mélancolique à quoi aucune femme ne pouvait être insensible. Je m'aperçus assez vite que Claire recherchait nos tête-à-tête, qu'elle attendait mes questions et souvent les provoquait. Elle aimait raconter son enfance, et moi, fermant les yeux, j'imaginais que Manou était là et qu'elle me confiait enfin ce qu'elle m'avait toujours à demi caché. Le ventilateur faisait un bruit menu de cinéma. Un écran s'allumait dans ma tête et je voyais Manou petite fille, Manou au lycée, Manou à la Sorbonne et puis Manou mariée. En retour, j'essayais de dire ce que j'étais, ce que je voulais, ce que j'aimais en prenant soin d'éviter toute allusion à Manou, ce qui laissait, dans ces sortes d'aveux, à la fois spontanés et surveillés, des blancs, des endroits censurés, qui piquaient la curiosité de Claire. Elle ne tarda pas à deviner qu'il y avait, comme on dit, une femme dans ma vie, si bien qu'elle se mit à me poursuivre autant que je la poursuivais. Nous tournions, avec des ruses infinies sous une apparente franchise, l'un autour de l'autre, et Manou était notre enjeu. Souvent, je la laissais venir.

— Pierre, vous devriez vous marier, observait-elle.

— Je suis trop jeune. Je manque complètement de

sérieux, vous savez. Et puis, je n'ai pas encore rencontré celle qui... enfin, vous me comprenez.

Elle ne me comprenait que trop bien et j'éprouvais un mauvais plaisir à lui infliger ces petites blessures rapides, car j'étais sûr de la faire souffrir en affectant d'être indifférent ou blasé. Elle n'osait pas me brusquer, me reprocher de mentir. Alors, elle usait d'un biais :

– Dans le milieu que vous fréquentez, je suppose que les jeunes femmes belles et cultivées ne doivent pas manquer. Je vous vois très bien épousant une romancière...

C'était son tour de me faire mal. Je ripostais durement :

– Je déteste les femmes de lettres.

Et aussitôt j'ajoutais, avec une lâcheté calculée :

– Je ne dis pas cela pour vous, Claire. D'ailleurs, vous n'êtes pas une femme de lettres.

– Qu'est-ce que je suis, à votre avis ?

– Eh bien... une femme tout court... Une femme qui cherche sa voie, comme moi !

Ces banalités portaient loin. Elles donnaient à notre intimité un accent de gravité qui nous engageait à d'autres confidences, cette fois définitives. Je les guettais sans impatience. Qu'est-ce que j'attendais, au juste ? Je serais en peine de le préciser. Il me plaisait de voir la femme de Jallu s'interroger sur moi. Dans l'apathie où j'étais tombé, cela m'aidait à durer, à supporter le poids des jours. Et puis, j'étais bien auprès de Claire. Je me sentais comme un convalescent qui commence à regretter sa maladie et s'efforce d'en tirer les derniers avantages. Claire s'occupait de moi exactement comme je m'étais occupé de Manou, avec la même sollicitude angoissée, mais avec une douceur qui n'appartenait qu'à elle. J'avais besoin de cet engourdissement du cœur pour penser à Manou d'une manière plus suivie, plus méthodique. Et tant pis pour Claire si elle ne réussissait pas à dominer l'attrait qu'elle éprouvait pour moi. Elle m'avait pris Manou. Je ne lui devais rien!

Mais j'avais beau réfléchir, je n'avançais guère. J'étais incapable de former une hypothèse cohérente. Manou avait ses entrées chez les Jallu, soit. Elle possédait les clefs de la maison, connaissait celle-ci comme si elle l'avait habitée; elle en avait profité pour me jouer la comédie de l'adieu, d'accord. Et après?... J'avais un instant flairé quelque tricherie à propos du manuscrit mais où cela me conduisait-il? Ce manuscrit était bon. Il aurait été édité sans mon appui... Manou n'avait pas prévu notre rencontre et ses suites, mais, si elle avait absolument tenu à me dissimuler sa supercherie, m'aurait-elle avoué qu'elle était mariée avec Jallu, ce qui était le meilleur moyen de se découvrir? Je me heurtais là à un obstacle insurmontable... Manou, il est vrai, ne savait peut-être pas très bien mentir? Je lui prêtais une conduite savamment méditée, alors qu'elle en avait peut-être été réduite à improviser? Dans ce cas, le plus facile, pour elle, était de se donner pour Claire. Il y avait là une direction à explorer. Je pouvais imaginer une femme ambitieuse, solitaire, déçue qui, enviant Claire, se substituait peu à peu à elle, lui empruntait ses souvenirs, ses notes de voyage, en tirait un roman original et, à partir de ce vol dont elle devait rougir, se construisait la vie à laquelle, toujours, elle avait rêvé. Cela se tenait assez bien. Je voulus en avoir le cœur net. Souvent, quand j'avais longtemps gardé le silence, Claire me demandait :

– Pierre, à quoi pensez-vous?

Je sautai sur l'occasion.

– Il y a une chose qui m'intrigue. Ne répondez pas si je suis indiscret... Pourquoi êtes-vous venue ici? Ne me dites pas que votre mari vous y a obligée. Vous ne l'avez pas toujours accompagné dans ses déplacements, n'est-ce pas?

Elle ne parut pas du tout embarrassée.

– Je m'ennuyais à Paris, fit-elle. C'est tout.

– Mais enfin, à Paris, vous sortez, vous voyez du monde?

– Oui, mais je m'ennuie quand même.

– Vous m'avez dit que vous aviez peu d'amies. Donc, vous en avez deux ou trois?

– Même pas.

– Une, alors?

– Ça dépend de ce que vous entendez par amie.

– J'entends... j'entends ce que tout le monde entend par ce mot. Une amie, c'est une femme à qui vous racontez vos petits secrets, à qui vous téléphonez tous les jours, qui est chez vous comme chez elle, qui sait tout de vous. C'est ça, une amie...

– Comme vous y allez!... Non, Pierre, je regrette, mais je n'ai pas d'amie en ce sens-là.

– Pourquoi?

– Parce que mon mari ne le tolérerait pas.

– Oh! croyez-vous!... Lui-même a bien des amis, je suppose.

– C'est ce qui vous trompe. Il ne peut pas se permettre d'avoir même des camarades.

– Je ne vous suis plus.

Elle hésita, fit semblant de chercher ses ciseaux pour couper un fil.

– A vous, reprit-elle, je peux bien le dire: on a

accusé René, il y a deux ans, de malversations. C'est faux, bien entendu. Mais tous les moyens sont bons pour abattre un rival. René traite d'énormes marchés. Il a suffi qu'un de ses barrages craque pour qu'on se mette à murmurer qu'il travaillait avec des entrepreneurs plus ou moins marrons. Il y a même eu un commencement d'enquête; alors on a prétendu que René avait acheté les enquêteurs. Si René avait un caractère plus souple, les choses n'auraient pas été plus loin. Mais vous connaissez sa violence! Il a découragé tout le monde. Ceux qui le défendaient se sont lassés. Il a été lâché petit à petit. Même par ses proches.

— Il a des frères, des sœurs?

— Une sœur qui vit à Nice. C'est probablement sa seule alliée.

— Quel âge a-t-elle?

— Une trentaine d'années.

— Elle est mariée?

— Elle est veuve.

J'hésitai un instant avant de poursuivre:

— Elle ressemble à son frère?

Claire fixa sur moi un regard étonné.

— Physiquement, vous voulez dire?

— Oui... et moralement aussi.

Elle parut réfléchir.

— Moralement... oui, peut-être. Mais physiquement, certainement pas... Dommage que je n'aie pas une photo. Elle a l'air de vous intéresser.

— C'est par rapport à vous qu'elle m'intéresse. Vous êtes en bons termes?

— Pas très. Heureusement, elle ne vient pas trop souvent à Paris.

Je m'étais certainement trompé. Je me hâtai de reprendre:

94

– Bon. Votre mari n'a pas d'amis. Ce n'est pas une raison pour que vous, vous viviez seule.

– Mais si, justement. Essayez de comprendre. Mon mari se méfie de tout le monde, maintenant. Il a fini par se croire persécuté. Il voit de la malveillance partout. Prenez le cas de Blèche. J'ignore ce qui s'est passé entre eux exactement, mais c'est typique.

– Une querelle au sujet du barrage.

– Vous voyez!... Blèche a dû partir. Et pourtant Blèche était un homme que nous connaissions depuis longtemps. Mais vous-même, Pierre, vous sentez-vous en confiance avec mon mari?... Franchement?... Vous n'osez pas répondre... Alors? Vous commencez à saisir pourquoi je ne fréquente personne?

C'était étrange! Jallu apparaissait, à travers les propos de Claire, tel que Manou me l'avait dépeint. Manou aussi vivait en solitaire à cause des exigences maniaques de Jallu. Manou avait même peur de lui.

– Est-ce que vous avez peur de lui, Claire?

– Pourquoi me demandez-vous cela?

Elle était troublée, tout à coup, et m'observait avec une sorte d'anxiété. Je me souvins des confidences de Manou et tentai l'expérience.

– Vous n'allez pas jusqu'au bout, commençai-je... Votre mari vous rend la vie impossible. Voilà la vérité. Non seulement il vous interdit de vous faire des amies, mais encore il vous surveille, il vous contrôle, il vous mesure jusqu'à votre argent de poche, tellement il est devenu méfiant et serré.

Claire avait laissé tomber ses mains au creux de sa robe.

– Comment le savez-vous? chuchota-t-elle.

– Il y a longtemps que je l'observe... Je vous poussais, tout à l'heure, je faisais celui qui ignore pour voir ce que vous répondriez... Je m'aperçois que j'ai deviné juste. Un caractère, cela se reconstitue aussi aisément qu'un squelette, à partir d'un fragment.

– Oui, dit Claire, il vit dans la terreur des mauvais jours. Il s'attend toujours à être ruiné, obligé de chercher un autre métier. Il gagne beaucoup d'argent et il se prive de tout. Tenez, un exemple : il a fait venir d'Auvergne une petite bonne d'une quinzaine d'années, parce qu'il la paye moins cher...

Non. Ce n'était pas possible. L'une des deux avait appris le rôle de l'autre! Les mêmes phrases... Les mêmes mots... à peu de choses près. Jallu n'avait pourtant pas deux femmes... Je n'écoutais plus Claire. Je venais de songer que... Manou était peut-être la maîtresse de Jallu!... Est-ce que cela n'expliquait pas tout? Je passai en revue les événements que je ne parvenais pas à interpréter convenablement. Cette fois, les faits s'ordonnaient d'une manière logique. Voilà pourquoi Manou évitait obstinément de me répondre quand je lui conseillais le divorce!

– Vous êtes bien mal mariée, dis-je à Claire.

Ma voix tremblait de colère mais Claire n'y prit pas garde. Elle paraissait délivrée, heureuse d'avoir tout dit, comme si elle venait de me donner une preuve d'amour, et j'en fus irrité.

– Est-ce qu'il vous trompe? demandai-je brutalement.

– Il n'a pas le temps, voyons. Vous devez sentir cela, vous qui avez deviné le reste. Et puis il doit être inattaquable. Une maîtresse, cela signifie des dépenses, un train de vie qui risque d'entraîner certaines faiblesses, certaines tentations. Non, si René s'interdit d'avoir des amis, vous pensez bien qu'il ne va pas se permettre d'avoir une maîtresse.

C'était le bon sens même.

– Et vous, dis-je, vous n'avez jamais eu envie de le tromper?

– Quelquefois.

Elle souriait. J'étais de plus en plus furieux de m'empêtrer dans une conversation à l'issue scabreuse.

– Vous n'avez pas osé?

– Mettez-vous à ma place.

– Pourquoi ne divorcez-vous pas?

J'étais revenu plusieurs semaines en arrière. J'étais en train de discuter avec Manou. Je savais déjà ce qu'elle allait m'objecter. J'avais déjà entendu ses arguments : « Si je le quittais, j'aurais l'air de le condamner; ses ennemis seraient trop heureux... »

– Supposez que je divorce, dit Claire. On ne manquerait pas de chercher des raisons cachées. Au besoin, on en inventerait. Ce serait la fin de René. J'aurais l'air de reconnaître qu'il est coupable.

C'était trop absurde! Je faillis parler de Manou à Claire, tellement j'étais à bout. Ce qui me retint, ce fut l'attitude de Claire. Elle s'était complètement méprise sur le sens de mes questions, croyant certainement que j'étais en proie à des scrupules douloureux depuis que je l'avais rencontrée... L'idiote! Comme si j'avais le cœur à tomber amoureux d'elle! J'avais eu tort de l'interroger sur ses rapports avec son mari; je m'étais trop avancé; je voyais bien, à la manière dont elle me regardait, qu'elle m'encourageait à poursuivre. Et, parce que je suis timide, parce que je n'aime pas décevoir les gens, parce que je déteste la muflerie, je m'abstins de toute allusion à Manou. Bien plus : pendant quelques jours, j'évitai Claire, dans toute la mesure du possible. Je prétextai des migraines pour quitter la table le premier. Je fis semblant de travailler à mon roman. Jallu, perdu dans ses nuées, venait, partait, ne s'apercevait de rien. Moi, je sentais l'amour de Claire par toute ma peau. J'avais cru prudent de m'éloigner d'elle. Bien au contraire, j'avais tout déclenché. Mes questions, mes silences, la bizarrerie de ma conduite, ma tristesse, mon amertume, elle avait tout interprété à contresens, s'était persuadée que je luttais contre une passion naissante, s'était prise au jeu, et maintenant le mal était fait. Partir ? Quand j'étais trop découragé, je me jurais que j'allais partir. Et puis je découvrais quantité d'objections. Surtout, je redoutais le mépris de Jallu. Je savais qu'il me dirait : « Vous êtes libre », sur un ton qui me marquerait plus sûrement qu'un coup de cravache. Et que deviendrais-je à Paris, sans Manou ? Je traînerais du bureau à la maison, dégoûté de tout, le cœur vide. Claire, au moins, m'amusait. Il y avait des moments où j'étais tout à coup si désespéré que je tombais dans une gaieté cynique. Oui, Claire m'amusait ; Jallu m'amusait ; la situation où je me trouvais me semblait d'un comique à pleurer. Après avoir été l'amant de la première Mme Jallu, je serais donc celui de la seconde ? Et la seconde disparaîtrait sans doute aussi ? La seconde n'était peut-être pas plus vraie que la première ? Quand je me réveillerais, je découvrirais que le barrage n'avait jamais existé, non plus que Jallu. Alors, quelle importance, si Claire et moi... Le souvenir de Manou me protégeait encore un peu, mais il devenait de moins en moins efficace à mesure que grandissait mon ressentiment. Ce ressentiment, je l'entretenais, je le nourrissais, je l'apprivoisais comme une bête dangereuse. Chaque soir, avant de m'endormir, au moment où d'autres font leur examen de conscience et prient, moi, je traduisais Manou devant mon tribunal, je la sommais de se justifier, je lui rappelais ses réticences, ses silences... je lui prouvais qu'elle n'avait pas cessé de me dissimuler ses vraies intentions. Le visage de Manou flottait autour de moi, silencieux et vide, mais quelquefois, à la seconde où je basculais dans le sommeil, il s'animait, il devenait prodigieusement vivant, réel... il se penchait pour me dire quelque chose que je n'entendais pas et, quand je me réveillais, j'avais dans la bouche le goût salé des larmes.

C'est ainsi que je me préparais à l'inévitable, sans éprouver la moindre pitié pour Claire. J'avais une vengeance à tirer de Manou. Claire se présentait, à la fois semblable et différente. Je les détruirais l'une par l'autre et je serais enfin délivré. Comme je ne souhaitais plus que d'être libéré de mon idée fixe, j'avais renoncé à percer le mystère.

Jallu avait invité un groupe de techniciens étrangers à visiter le barrage et un dîner leur fut offert au mess. Claire avait aidé les domestiques à préparer et à décorer la salle. Elle se réjouissait de recevoir et mettait son point d'honneur à donner à cette soirée une allure de « party ». Nous avions été priés de nous habiller. Je revêtis donc, en rechignant, un smoking. Quand je descendis, Claire commençait à recevoir les invités. Elle était en robe du soir. Par jeu, je m'inclinai gravement devant elle pour lui baiser la main. Elle portait au poignet le lourd bijou d'or, le bracelet de Manou. Je me redressai, un peu étonné. Déjà, elle tendait la main à un ingénieur suédois qui baragouinait un compliment. Un succès, cette soirée! Une parfaite réussite. Jallu lui-même semblait détendu. Claire souriait, joyeuse de sentir sur elle tant de regards, mais surtout les miens. Elle ne pouvait pas savoir que je ne perdais pas de vue son bracelet. C'était bien le même. Il était formé d'une quadruple chaîne à mailles plates qui marquaient le poignet de Manou d'un fin quadrillage. Si je le lui avais retiré, j'étais sûr que j'aurais découvert sur sa peau le même dessin sur lequel, tant de fois, j'avais posé mes lèvres. Je revis le coffret d'ivoire, là-bas, plein de bijoux. Manou pouvait donc y plonger à volonté? Et Claire ne remarquait pas qu'une autre femme portait son bracelet, peut-être ses colliers, ses boucles d'oreilles?... Peut-être même ses robes. Est-ce que la robe de Claire n'était pas celle qui habillait Manou, le soir où elle m'avait reçu dans la maison de Neuilly? Non, Manou était beaucoup plus grande que Claire. Mais à lui seul, le bracelet posait assez de problèmes. Je dus répondre aux questions de mon voisin, un autre Suédois qui, me prenant pour un spécialiste, ne cessa de parler chiffres, en un français incertain. Et, pendant que je lui répondais de mon mieux, une voix me soufflait : « Elle ne t'a pas tout dit. Deviens son amant, et tu sauras la vérité. Deviens son amant! » Je buvais beaucoup, pour ne pas désobliger le Suédois. J'étais placé assez loin de Claire et personne ne pouvait remarquer que je ne la quittais pas des yeux. Sauf elle. Le bracelet étincelait à son poignet. Elle me souriait parfois, d'une manière appuyée, et alors je tournais la tête. J'étais un peu ivre quand je me levai de table. Les invités passèrent sur la terrasse, pour fumer et boire des liqueurs. Claire s'arrangea pour m'attendre.

– Il y a quelque chose qui ne va pas?

Il fallait crier pour dominer le fracas du déversoir.

– Pas du tout, dis-je. Tout va bien. Et compliments pour cette soirée.

– C'était réussi, n'est-ce pas?

– C'était parfait. Et vous êtes bien belle. Vous avec un bracelet ravissant.

– Je l'ai mis pour vous.

L'alcool battait lentement dans ma tête. J'entendais toujours la voix qui répétait : « Deviens son amant. Elle te dira tout. » Claire chercha son mari dans les groupes, l'aperçut qui discutait avec mon Suédois. Elle me prit par la main et m'entraîna vers l'escalier. Je savais où nous allions. Je savais que, la porte de sa chambre à peine refermée sur elle, elle se jetterait dans mes bras. Moi aussi, j'avais envie d'elle. J'étais même terriblement pressé. Nous devions avoir l'air de deux fous; pourtant, malgré l'ivresse qui brûlait bleue dans mes veines, je restais lucide et froid. Je savais ce que je voulais, et quand Claire s'abandonna, je pensai : « Tu parleras, imbécile. Ne va pas te figurer que je t'aime! »

Je n'avais pas prévu que Claire allait éprouver pour moi une véritable passion. J'avais cru qu'elle était curieuse de moi et surtout lasse de Jallu. Hélas! J'étais tombé sur une femme sentimentale, malheureuse, pour qui l'amour était la grande affaire. Il n'était plus question de l'interroger. Je fus tout de suite réduit à la défensive. Je dus lui jurer que les femmes que j'avais connues avant elle ne comptaient pas, que j'étais fou d'elle; que nous étions de toute éternité promis l'un à l'autre. Rien n'était trop gros, rien n'était trop bête puisqu'elle m'aimait. Moi, le cœur toujours plein de Manou, je l'observais avec une attention un peu stupéfaite. Tant de peine, tant de trouble, tant d'alarmes, tant d'exaltation à cause d'un homme aussi ordinaire que moi! Comment la détromper? Mais fallait-il la détromper? Etait-ce même prudent? Je vécus pendant quelques jours dans la crainte d'un éclat. Jallu ne pouvait pas ne pas remarquer le changement qui s'était opéré chez Claire. Elle était devenue rêveuse, irritable; elle lui répondait sèchement; surtout, elle avait les yeux de l'amour, brumeux, dilatés, fixes, comme frappés de stupeur. Dès que nous nous retrouvions, j'essayais de l'arracher à ce délire, je la suppliais de faire attention.

– Tu me l'as dit toi-même que c'est un violent. Tu veux qu'il découvre la vérité?

Elle nouait ses bras autour de mon cou et moi je

serrais les poings d'impatience. Nous allions au-devant d'une catastrophe. Si Jallu était aveugle, il y avait tous les autres, les ingénieurs qui partageaient notre vie, nous rencontraient trois fois par jour et flairaient de loin Claire, comme des mâles frustrés. Ils sauraient bien s'arranger pour prévenir Jallu. Je décidai de ne plus sortir le soir. Ce fut l'incident qui provoqua la première querelle entre Claire et son mari.

Souvent, nous sautions dans la Land-Rover et, dès que le soleil avait coulé à pic derrière la montagne, nous contournions le lac et nous nous engagions sur le plateau brûlé. Là, nous étions seuls. Nous pouvions faire et dire toutes les folies. Mais on nous voyait partir. On nous entendait rentrer. Je devinais les commentaires et les sourires. Désormais, donc, je resterais au barrage. Claire, qui raffolait de ces promenades, s'entêta et demanda à Jallu la permission d'emprunter la Land-Rover. Jallu refusa. La voiture était difficile à conduire à cause de ses deux ponts moteurs; il suffisait d'une fausse manœuvre pour quitter la piste et se retourner. Claire jeta sa serviette et s'en alla. Je baissai le nez dans mon assiette. Jallu, lui, gardait tout son calme.

— Est-ce que je n'ai pas raison, monsieur Brulin? demanda-t-il. Claire a son permis, mais il y a des années qu'elle n'a pas conduit. Le matériel n'est pas à moi. Il appartient au barrage.

Bien entendu, je l'approuvai. Je ne revis pas Claire ce soir-là et passai une nuit abominable. Si la dispute continuait, Claire était capable des pires imprudences, je le sentais. Fausse alerte! Le lende-main Claire me demanda pardon.

— Et ton mari?

— Il a travaillé dans sa chambre. Je ne compte

guère, pour lui. Tu sais ce que je suis?... Un poids mort dans sa vie. Tu as bien tort de t'inquiéter.

Je m'inquiétais, pourtant. Je connaissais trop la finesse et la ruse de Jallu. J'avais vu de quelle manière subtile et presque cauteleuse il avait capté la confiance des ministres et du roi. Je demeurai sur mes gardes, ce qui était une excuse à la froideur que je montrais parfois à Claire quand ses caresses m'excédaient.

– De quoi as-tu peur? disait Claire.

Et je découvris que j'avais peur, comme Manou autrefois. Je m'aperçus que j'agissais et même que je parlais comme elle. J'entrais dans la chambre de Claire et j'écoutais. Manou, elle, surveillait la rue du coin du rideau. Claire m'embrassait, me murmurait les futilités tendres de la passion; je souriais avec une gentillesse étudiée pour masquer mon indifférence. Il m'arrivait de regarder l'heure à mon poignet, comme Manou. Affreux ennui de l'amour non partagé.

« A quoi penses-tu? »

On répond docilement : « A toi », pour ne pas dire qu'on voudrait être ailleurs, n'importe où, mais seul. Je retrouvais, je réinventais Manou. Moi aussi, je proposais de faire du thé, pour occuper mon esprit, et aussi pour différer les caresses de Claire. Moi aussi, j'écourtais nos rencontres. Je ne disais pas : « Il faut que je rentre », mais : « Il faut que je travaille », avec la même intonation d'impuissance et de regret. La porte refermée, je respirais d'aise. Est-ce que Manou, quand elle partait, se sentait délivrée de moi? J'avais déjà beaucoup souffert à cause de Manou, mais ce que j'étais en train de me dévoiler à moi-même était particulièrement affreux. Manou m'avait-elle joué la comédie de l'amour comme je la jouais moi-même à Claire? Mais j'avais un but en acceptant d'être l'amant de Claire. Et Manou?... Quel avait été le but de Manou? C'est cela que je cherchais. C'est pourquoi j'avais cédé à Claire. L'amour de Manou, l'amour de Claire, le vrai, le faux, tout finissait par se confondre et je chavirais dans une confusion telle que j'étais heureux de me raccrocher à Claire; mais ce qu'elle prenait pour une frénésie de sensualité n'était que la réaction de la frayeur. Le but de Manou? Je me mettais la cervelle à la torture. Elle avait dépensé toutes les ressources de son ingéniosité à me repousser, à refuser de m'épouser. C'était tout le contraire d'un but, cela! Moi aussi, je m'arrangerais pour décourager Claire, si par hasard elle songeait à m'épouser. Mais je ne romprais pas tant que ma curiosité ne serait pas satisfaite. Manou, elle, avait rompu. Quelque chose d'essentiel m'échappait toujours.

– Mon chéri, murmurait Claire, si seulement tu pouvais m'aimer autant que je t'aime.

Pour un peu, j'aurais haussé les épaules. Est-ce que j'avais régalé Manou des mêmes pauvretés? Pas étonnant si... Et parce qu'il y avait, dans le regard de Claire, le même doute pathétique que dans le mien quand je tenais Manou dans mes bras, un peu de pitié me serrait le cœur. Je devenais plus aimable, plus tendre, juste assez pour confirmer Claire dans son rêve. Mais alors je pouvais encore moins lui parler de Manou. J'étais prisonnier d'une situation intenable. Bien sûr, je n'oubliais pas, au jour le jour, de la questionner, en glissant rapidement. Le bracelet? Elle l'avait acheté à Bombay. Je m'y attendais.

– C'est curieux, dis-je. Il me semble que j'ai aperçu le même à Paris.

– Ce serait bien surprenant. L'artisan qui me l'a vendu m'a affirmé que c'était une pièce unique.

Si elle avait eu quelque chose à cacher, à propos de ce bracelet, elle aurait fait une réponse évasive : « Oui, peut-être a-t-il été copié. » Ou encore : « Il est d'un dessin assez banal. » Mais, très innocemment, elle refermait le mystère sur lui-même.

– Tu ne l'as jamais prêté à personne ?

– Est-ce que tu prêterais ta montre, ton stylo ? Un bijou, c'est mille fois plus personnel.

Bon. Ce chemin n'aboutissait nulle part. J'en essayai d'autres. Claire parlait assez souvent de son enfance. Je la poussais de ce côté-là. Elle me répétait ce que je savais déjà. Elle me montra même la photographie de ses parents, et je revis l'homme à la fine moustache, la jeune femme au chapeau de paille, tels qu'ils m'étaient apparus dans la chambre de Manou, c'est-à-dire dans celle de Claire. Je ne songeais même plus à m'étonner. Claire me laissa fouiller dans son sac : elle possédait d'autres photos, qui représentaient Jallu beaucoup plus jeune, une maison de campagne.

– C'est celle de mes beaux-parents, dit Claire, et un groupe d'ingénieurs, au pied d'un barrage. Le barrage près de Bombay, précisa-t-elle. C'est moi qui l'ai prise. René est le troisième à droite.

Près de lui, je reconnus Blèche. Ces explications, à la longue, me lassaient, me plongeaient dans une espèce d'anesthésie. Je me sentais comme enroulé dans un cocon de fils de la Vierge. Et puis, de temps en temps, la vérité m'éclatait au visage : comment Manou avait-elle pu vivre de la même vie, exactement, que Claire ? Avais-je eu affaire à une folle ? Je m'enfermais alors dans ma chambre et, à plat ventre sur mon lit, la tête dans l'oreiller, je reprenais, au hasard, des scènes de ma vie passée, des bouts de films que je projetais dans ma mémoire. Mais Manou s'éloignait de moi, s'effaçait, n'était plus qu'une silhouette impuissante à témoigner. Seule survivait cette impression, toujours vigoureuse, qu'entre Manou et moi il y avait eu un malentendu, que quelque chose de capital n'avait jamais été dit. Mais ce secret, désormais inaccessible, était le principal obstacle entre Claire et moi. Parce que j'en voulais à Manou, j'en voulais à Claire, et ce que je ne pardonnais pas à l'une, je le reprochais inconsciemment à l'autre; je soupçonnais Claire de me cacher ce que Manou m'avait tu. C'était inepte; cela, du moins, me fournissait des raisons de résister à Claire. Car je dus bientôt commencer à lui résister.

Claire était une femme énergique, têtue. Autant Manou aimait jouer avec ses rêves et s'enchanter de projets qui ne verraient jamais le jour, autant Claire détestait les faux semblants et les dérobades. Elle m'aimait; il était entendu que je l'aimais aussi... Donc! donc nous devions inventer une solution et sortir à tout prix de cette situation ambiguë. De son côté, pas la moindre hésitation. Quand un homme et une femme s'aiment, il faut qu'ils vivent ensemble, qu'ils s'épousent le plus vite possible. Telle était sa morale de fille saine et simple. Le plus fort, c'est que je pensais la même chose, quelques semaines plus tôt! Et maintenant, cela me semblait puéril et vaguement vulgaire. Quand ma tête approuvait, mon cœur se moquait tout bas. Malgré moi, je disais à Claire ce que Manou m'avait dit :

– Un peu de patience... Attendons...

Alors que j'avais poussé Manou à une explication décisive avec son mari, j'étais obligé de mettre Claire en garde contre toute précipitation. Dans les deux cas, d'ailleurs, il s'agissait du même mari. Je ricanais presque quand j'observais :

– Il n'est pas homme à se résigner... Ne le provoquons pas.

Nous cherchions le moyen de nous libérer. Claire le cherchait. Moi, je faisais semblant. Comment lui aurais-je avoué que ce moyen, je l'avais déjà cherché pendant des heures et des heures ? Le seul que j'avais trouvé, Manou l'avait repoussé avec dédain. Il n'y avait pas de solution, et cela, au fond, m'arrangeait. Je tirais de cette certitude une sécurité qui justifiait mon apathie. Je prenais mes quartiers dans un monde de plus en plus abstrait, fait d'habitudes et de sensations élémentaires. J'avais choisi d'être prisonnier. Puisque jamais je ne saurais qui était Manou, à quoi bon bouger, regarder, travailler, aimer ? J'étais un bien pauvre amant, en effet ! Claire m'ennuyait. J'allais la rejoindre, en musant le long des couloirs, et, pour lui donner le change, quand mes baisers étaient ceux d'un cousin à une cousine, je lui disais avec une ironie qui me blessait autant qu'elle :

– Je cherche !

Mais rien ne pouvait décourager Claire une fois qu'elle s'était jetée dans une entreprise. Elle se considérait comme ma femme. Par conséquent, Jallu était l'ennemi. Je sus qu'elle s'enfermait dans sa chambre et que son mari n'avait plus le droit de l'approcher. Je vis, à table, que les querelles avaient repris entre eux. Jallu arrivait le dernier, s'en allait le premier. Il ne desserrait plus les dents, ou bien, s'il s'adressait à Claire, c'était avec brusquerie, de sa voix la plus blessante. J'essayais de faire parler Claire.

– Ce n'est rien, me répondait-elle. Sois tranquille, il n'est pas question de toi.

Ce qui me vexait.

– Je n'ai pas peur de lui!, m'écriais-je. Mais je ne pardonnais pas à Claire de jouer avec ma tranquillité. Quand Manou se disputait avec Jallu, est-ce qu'elle était fâchée contre moi, après? De telles réflexions me traversaient comme des balles; l'espace d'un éclair, je mourais debout. Manou n'avait jamais pu se disputer avec Jallu. Manou n'avait jamais été la femme de Jallu!... Alors pourquoi était-elle si souvent irritée, comme je l'étais moi-même en ce moment? Plus les rapports entre Claire et Jallu s'envenimaient, plus les hostilités s'aggravaient entre Manou et moi. Jamais elle n'avait songé sérieusement à refaire sa vie. J'en avais la preuve, puisque je ne voulais pas, de mon côté, épouser Claire. Mes sentiments actuels reproduisaient monstrueusement ceux de Manou. Elle m'avait cédé, sans plus, comme j'avais cédé à Claire. Et ensuite elle n'avait plus cessé de regretter cette faiblesse. Et cela méritait de s'appeler... Doucement! Si je commençais à insulter Manou, j'allais, du même mouvement, m'insulter. Or, je ne me sentais pas tellement coupable envers Claire. Pourquoi avais-je tellement besoin de la culpabilité de Manou? Ma mauvaise foi me donnait soif. J'essayais de l'oublier en buvant. Je bus beaucoup, durant cette période. Claire s'en apercevait. Elle n'osait pas me faire de reproches et vivait dans une angoisse perpétuelle. Etait-ce son tourment? Etait-ce le climat? Elle avait perdu l'appétit. Nous n'osions plus nous confier nos pensées et il y avait, maintenant, entre nous, des silences redoutables dont nous ne sortions, le visage égaré, que pour nous prendre et nous plaindre ensuite.

– Il faut en finir, disait-elle.

J'avais déjà dit cela à Manou. Claire se procura une carte du pays. Cela aussi, je l'avais fait avant elle. Comme je m'étonnais :

– Une idée qui m'est venue, expliqua-t-elle.

Cette idée l'occupa plusieurs jours. Avec un double décimètre, elle mesura des distances, les rapports à l'échelle, s'absorba dans des calculs ardus.

– Si tu veux t'échapper, il est plus simple de reprendre l'avion, observai-je.

– Il y a façon et façon de s'échapper, dit-elle.

Moi, je n'en voyais aucune. J'étais enfermé dans ma peau comme dans une oubliette. Je n'avais pas le moindre désir de m'échapper. D'ailleurs, si je voulais me donner la peine de réfléchir un peu, qu'est-ce que j'avais à redouter de Jallu? A Paris, c'était tout différent. D'abord, je ne le connaissais qu'à travers Manou; j'imaginais alors un homme capable de tout; et puis je n'avais jamais eu pour amie une femme mariée; le simple mot de mari évoquait pour moi l'explication inévitable, la bataille. Ici, Jallu, depuis des semaines que je le voyais chaque jour, prenait des proportions plus humaines. Physiquement, je ne le craignais pas. Je ne voulais pas perdre la face devant lui, c'était cela, le point essentiel. Mais Jallu avait tout à perdre à chercher un esclandre, juste au moment où les négociations tournaient en sa faveur. Et comme je n'aimais pas Claire, je me sentais hors d'atteinte. Le danger, s'il y avait un danger, ce dont je doutais, n'était pas pour moi. En d'autres temps, j'aurais eu honte, je crois, de tels sentiments. Mais je n'étais

110

plus moi-même depuis l'arrivée de Claire. J'estimais que, des trois, j'étais de loin le plus malheureux. La mésentente entre Claire et son mari ne me concernait pas. Alors, les projets de Claire, à plus forte raison, me laissaient totalement indifférent. Si Jallu découvrait notre liaison, je partirais, tout simplement. Là encore, je sous-estimais Claire.

Un jour, elle me reçut en grand mystère dans sa chambre et me dit :

– J'ai beaucoup réfléchi. J'aperçois une solution.

Comme d'habitude, ces paroles firent jouer un déclic dans ma mémoire. Cette scène, ne l'avais-je pas déjà vécue ? Immédiatement, je pressentis la suite. Claire me saisit aux épaules.

– Il faut que je disparaisse, poursuivit-elle. Il n'y a pas d'autre moyen.

Je m'assis sur le lit, accablé. Ainsi, elle avait fini par trouver la même idée que moi, cette idée que Manou avait écartée sans même discuter.

– Tu comprends, si je disparais, si l'on me croit morte, nous sommes sauvés. Rien ne nous empêchera plus de refaire notre vie ailleurs.

Ses yeux brillaient d'espoir. Elle était possédée par ce projet. De nouveau, la vie circulait en elle, retrouvait sa pente vers l'avenir. Moi aussi, sans doute, je m'étais penché vers Manou avec le même enthousiasme, la même volonté d'aboutir.

– Ça ne tient pas debout, dis-je.

Contre Claire, je n'avais plus qu'à élever les mêmes objections que Manou.

– Je savais, dit-elle, que cette proposition allait te surprendre. Mais laissons les détails de côté, pour le moment. Est-ce que tu es d'accord sur le principe ? Pour moi, c'est cela ou rien.

J'en convins de mauvaise grâce. Si je m'étais

dérobé, elle m'aurait aussitôt reproché de ne pas l'aimer et j'avais horreur de ces querelles... Tu ne m'aimes pas... Si tu m'aimais... Bon, je l'aimais. Et ensuite?

– Il faut s'habituer à cette idée, continuait Claire. On s'aperçoit, peu à peu, qu'elle n'est pas si folle qu'elle en a l'air.

– Si tu disparais, il te fera rechercher, et il te retrouvera, sois tranquille.

– Non. Pas si je disparais ici... Pas si j'ai un accident ici.

– J'avoue que...

– Réfléchis! Au fond, c'est d'une simplicité extraordinaire. Il suffit qu'on ne retrouve pas mon corps.

– Justement. Comment veux-tu qu'un corps échappe aux recherches, dans ce pays désert où il n'y a que du caillou?

– Pourtant, il y a un moyen.

Je restai silencieux. Claire m'observait, heureuse de voir que j'avais pris au sérieux sa suggestion et que je m'efforçais de découvrir la solution qu'elle avait imaginée. Mais ma pensée était bien loin d'elle. Je me ressouvenais, soudain, des paroles de Manou : « Moi aussi, je cherche un moyen. » C'est juste après qu'elle avait ajouté : « Je ne renoncerai jamais à toi, Pierre. » Non, elle ne mentait pas. Et si ce moyen avait existé...

– Tu ne vois pas?

Non, je ne voyais pas. J'étais avec Manou et le reste m'était indifférent. Si Claire voulait disparaître, à son aise. Claire frappa le mur du poing.

– Tu oublies le lac et ses cent mètres d'eau. Comment veux-tu qu'on retrouve mon corps, là-dedans?

Je devais avoir les yeux un peu perdus; Claire m'embrassa et s'assit près de moi.

– Je n'ai pas l'intention de me noyer, grosse bête. Mais suppose que nous organisions un accident. Tout le monde croit que je suis tombée dans le lac. Est-il possible de draguer le fond?

– Je ne pense pas. Le fond est plein d'éboulis.

– Est-il possible d'assécher complètement le lac?

– Certainement pas. Ou alors il faudrait inonder la vallée.

– Alors, c'est gagné.

– Comment gagné? Disons que si quelqu'un se noyait dans le lac, on ne repêcherait peut-être jamais son corps, mais comme il est interdit de se baigner, un accident n'est guère à craindre. Mais enfin, admettons... Reste à quitter le pays. Les frontières sont surveillées.

– Et alors? J'ai des papiers. Je suis en règle. Je sortirai comme je suis entrée.

– Supposons... je ne sais pas, moi... qu'à la douane on enregistre ton nom, qu'on apprenne ensuite l'accident...

J'argumentais misérablement. Autrefois, j'avais balayé les objections de Manou. J'étais capable, alors, de faire n'importe quoi pour avoir Manou à moi. Le passage d'une frontière ne m'aurait posé aucun problème. Aujourd'hui, la calme certitude de Claire me révoltait.

– Où vivrons-nous, ensuite?

– Pas en France, bien entendu. A l'étranger, dit Claire.

– Et si, un jour, nous tombons sur quelqu'un qui te connaît?... Il faut tout envisager.

– Il y a une chance sur un million. Et puis, je me

ferai teindre, je changerai ma coiffure, mon maquillage... Il est si facile à une femme de modifier complètement son aspect!

– Et ma situation?

C'était la question à ne pas poser. Mais pourquoi aurais-je ménagé Claire? De quel droit m'aurait-elle obligé à tout lui sacrifier? Elle me regardait comme si je me préparais à la frapper.

– Comprends-moi bien, dis-je. Il ne s'agit pas de mes ambitions; cela, c'est secondaire. Mais comment vivrons-nous?

– Tu parles je ne sais combien de langues.

– Peut-être. Mais un traducteur gagne peu.

– Je travaillerai.

Elle était vraiment prête à tout supporter pour moi. Elle posa sa main sur la mienne d'un geste infiniment doux.

– Dis oui, Pierre.

Et de nouveau je cédai à cette pitié qui me tenait lieu d'amour.

– Soit. Supposons que le problème de notre existence à l'étranger soit réglé, dis-je. Reste le plus difficile : l'accident. Tu oublies qu'il y a un poste de garde au sommet du barrage.

– Les sentinelles dorment la plupart du temps.

– Peut-être. Ce n'est d'ailleurs pas tout à fait vrai. Les gardes sommeillent dans la journée, quand personne ne circule autour du lac. Mais le soir et la nuit, ils surveillent, j'en suis sûr. Si l'un de nous tombait à l'eau, au cours d'une promenade, ils donneraient instantanément l'alarme.

Je croyais l'embarrasser. Je la connaissais bien mal.

– J'avais oublié ces gardes, avoua-t-elle; mais leur présence nous arrangerait plutôt. Est-ce que nous ne pourrions pas simuler un accident de voiture? Je ne sais pas trop comment. C'est à voir... Attends, laisse-moi aller jusqu'au bout. Imagine que nous partions un matin pour faire des courses à Kaboul... après tout, cela nous est déjà arrivé une fois et personne n'a été surpris. On peut donc recommencer.

– Continue.

– Tu rentres seul, à la nuit tombante... et la voiture tombe à l'eau.

– Facile à dire.

– Tu l'approches du bord de la piste, tu la mets en première, tu sautes... Ça ne doit pas être très compliqué... Les gardes entendront le bruit, appelleront à l'aide. Ce sera à toi de jouer. Tu diras que j'ai voulu prendre le volant pendant que tu étais descendu et que j'ai fait une fausse manœuvre. C'est tout.

Je n'étais pas convaincu, bien loin de là, et je me réservais de réduire ce plan à néant, mais, sur le moment, j'admirai l'obstination et l'ingéniosité de Claire. Si Manou avait eu ne fût-ce qu'un peu de cette énergie, comme tout aurait été différent! Je soulevai une première objection :

– Et si, pour une raison quelconque, je ne peux pas faire basculer la voiture?

– Tu viendras me reprendre à Kaboul, le lendemain matin. J'ai bien le droit de passer la nuit à Kaboul. Non, de ce côté-là, il n'y a rien à craindre. René ne s'étonnera pas. Si je ne te vois pas revenir, alors je filerai à Peschawar.

Déjà, elle parlait au futur; nous étions sortis du domaine des hypothèses et je me trouvais, malgré moi, engagé.

– Non, dis-je. Tout cela est astucieux en théorie.

Mais il suffit de creuser un peu pour tomber sur des détails qui clochent.

– Exemple?

– Eh bien... comment gagneras-tu la frontière? Je prends la première chose qui me passe par la tête.

– Ecoute, fit Claire, si tu veux me prouver qu'il y a des risques, évidemment ce n'est pas la peine d'essayer. Il y aura toujours des risques. Mais si nous attendons, nous courrons d'autres risques encore plus grands. J'en ai assez, Pierre, de nos mensonges. Je suis à bout. Mais si mon mari découvre la vérité, ce sera terrible. Maintenant, il faut choisir.

Je faillis lui répondre : « Sois patiente. Ne me presse pas », comme Manou me l'avait dit si souvent. Claire appuya sa tête sur mon épaule.

– Je me débrouillerai, continua-t-elle. Une femme est toujours plus adroite qu'un homme, dans ces circonstances. On ne sait pas qui je suis, à Kaboul. Je louerai une voiture jusqu'à la frontière. C'est tout près. Et là, je t'assure que je passerai sans difficulté. Ensuite, j'irai jusqu'à Peschawar où je prendrai l'avion... Tu n'as pas confiance?

– Ma foi non.

– Pourquoi?

Je cherchai en vain un argument massue. J'étais obligé d'admettre que, dans ses grandes lignes, le plan de Claire tenait debout.

– Il aurait tout de même été plus simple de divorcer, dis-je.

– Si tu as peur, n'en parlons plus, dit Claire avec raideur.

Elle s'éloigna de moi, reprit son ouvrage, et je capitulai aussitôt... Je me demande encore si j'aurais pu agir autrement. Honnêtement, je ne le pense pas. Puisque j'avais consenti à devenir son amant, je devais accepter toutes les conséquences de cette situation. La vraie responsable, c'était Manou, bien sûr. Mais il n'était plus temps d'avouer l'existence de Manou. Et puis, ce que me demandait Claire, au fond, ressemblait plus à un service qu'à une complicité. Elle ne voulait plus vivre avec Jallu et elle savait qu'il ferait tout pour ne pas divorcer. Je n'avais pas à intervenir dans une querelle qui n'était pas la mienne. J'aidais Claire à recouvrer sa liberté, rien de plus. Quant à ses projets ultérieurs, c'était une autre affaire. On verrait plus tard. La vérité, c'était que Claire se servait de moi pour échapper à Jallu. Si elle avait rencontré un autre homme, à ma place, les choses se seraient certainement passées de la même façon. Et un autre homme n'aurait pas hésité, lui! Telle fut la réflexion qui emporta ma décision. Cependant, je ne me rendis pas tout de suite.

— Pour l'état civil, tu seras morte, dis-je.

— Crois-tu qu'en ce moment je sois vivante? s'écria-t-elle. Voilà des années que je ne m'appartiens plus. Il n'y a que sa volonté qui compte. Ah! ce n'est pas par hasard qu'il construit des barrages. Il n'est bon qu'à cela : barrer la route! Empêcher l'eau de couler! J'en ai assez. Si cela continue, je préfère mourir pour de bon. Pierre, je t'en prie. Je n'ai plus que toi.

— Nous allons repenser à tout cela.

— Ah non! Ne pense pas trop. A force de penser, tu ne feras rien. C'est oui ou c'est non!

Je l'aimais quand elle me regardait avec cette intensité de chien fidèle. Jamais Manou ne s'était livrée ainsi, tout entière. Jamais elle n'avait eu vraiment besoin de moi. J'insultais Claire quand je lui prêtais des intentions intéressées. Peut-être se serait-elle résignée si elle ne m'avait pas rencontré. Elle disait vrai; elle n'avait que moi, moi qui calculais, temporisais, cherchais l'échappatoire. Moi qui étais en train de la trahir, parce que Manou m'avait trahi. Je lui pris la main. Je cédai à un élan sincère.

– Je te sauverai, murmurai-je. C'est oui.


Jallu s'absenta pendant près d'une semaine. Il devait avoir des contacts, à Rome, avec un groupe d'hommes d'affaires et, pour Claire et moi, ce fut une période étrange. Nous étions libres, d'abord. Je sentis, physiquement, la décompression, comme un plongeur qui refait surface. De nouveau, je vis les gens autour de moi. Le barrage n'était plus une prison. Les repas n'étaient plus ce mortel jeu de poker où chacun surveillait les regards des autres. Claire et moi pouvions parler sans contrainte, sortir sans chercher de prétextes.

– Tu vois, me disait-elle, nous sommes heureux ensemble. La vie quotidienne ne posera pas de problèmes.

Et elle développait ses projets. Je rentrerais à Paris, après l'accident, et elle viendrait m'y rejoindre.

– Au fait, où habites-tu? Je ne connais même pas ton adresse.

– Rue d'Alésia. Mais ce serait une folie.

– Pourquoi? C'est grand, Paris. Et la rue d'Alésia est loin de Neuilly... Tu me cacheras quelque temps chez toi. J'aimerais tellement savoir comment tu es installé. C'est important pour... après. Il faudrait trouver ailleurs un appartement semblable au tien, que j'arrangerais de la même façon.

– Ailleurs?...

– Oh! pas forcément au bout du monde. Pourquoi pas Londres? René n'y va jamais.

Manou me chuchotait à l'oreille : « Londres, le soir, quelle merveille!... On marcherait sous le même parapluie... »

– Tu as quelque chose contre Londres? insistait Claire.

– Non. Je n'ai rien.

Claire continuait à organiser notre existence, avec ce sens du détail qui me mettait les nerfs à vif. J'étais déjà marié, casé, rangé, ficelé. Les projets de Manou gardaient toujours quelque chose d'improbable et d'aventureux. Ceux de Claire étaient précis et tuaient l'avenir à mesure qu'ils en prenaient possession. Mais j'avais dit oui. J'acquiesçai donc, tout en refusant intérieurement, de toutes mes forces, chaque suggestion. Si je l'avais écoutée, nous aurions monté notre évasion comme une opération de corps franc. Nous l'aurions étudiée sur le papier, répétée sur le terrain. Jallu avait déteint sur Claire. Elle lui ressemblait par bien des traits. Notamment par cette manie de calculer, de supputer, de plier d'avance l'événement à sa volonté. J'étouffais au milieu de ces horaires trop minutés. Aussi avais-je renoncé à formuler des objections. Je me contentais de lui dire : d'accord. J'étais toujours d'accord, désormais. Nous partirions du barrage à 7 heures du matin; nous nous séparerions à Kaboul; elle retiendrait une chambre dans un hôtel modeste, le *Royal*, où elle s'inscrirait sous un faux nom... D'accord. Le lendemain, elle m'attendrait devant le garage Ford jusqu'à 10 heures. Si je ne venais pas, cela signifierait que l'accident s'était produit comme prévu. Alors, elle prendrait une voiture et disparaîtrait. D'accord!

– Mais enfin, dis-moi ton avis, s'écriait-elle. C'est agaçant de discuter avec toi.

– Tout cela me semble raisonnable, répondais-je. C'est entendu. Pas besoin de remâcher sans cesse les mêmes choses.

– Il faut bien les remâcher si l'on veut les faire sans erreur. Est-ce que tu crois, sincèrement, que ça peut marcher?

– Je suis bien obligé de le croire. Si je te fais remarquer qu'à l'hôtel, on te demandera peut-être tes papiers, tu me réponds que c'est une question de pourboire, que tu en fais ton affaire et que je n'ai pas à m'inquiéter. Bon! Moi, je veux bien.

Nous nous regardions un moment en adversaires. Manou ne m'avait peut-être pas aimé. Pourtant, même au plus fort de nos différends, il y avait toujours entre nous une connivence, un contact secret, quelque chose qui nous unissait par le plus intime. Nous étions également pleins d'imagination et de faiblesse; voilà pourquoi nous nous étions, d'instinct, reconnus. Claire était d'une autre race. Le moindre heurt devenait un choc et, tout de suite, nous nous mesurions des yeux. Mais, tandis que Manou se dérobait sans jamais rendre les armes, Claire cédait aussitôt. Si Manou s'était entêtée à faire ce que se proposait Claire, l'inquiétude m'aurait rendu malade. Pour Claire, je n'étais nullement inquiet et c'était elle qui en souffrait mille tourments. Je devinais ce qu'elle pensait : « Il me joue la comédie. Il ne m'aime pas. » Je m'empressais de placer le débat sur un autre terrain.

– Parlons de la Land-Rover.

Claire, naturellement, avait examiné la question à fond. Je lui avais expliqué le maniement des vitesses et elle m'avait démontré qu'il était facile d'enclencher les deux ponts, en première, et de sauter sans risque. La voiture roulait toute seule; elle était même capable d'escalader un talus sans dévier, comme nous en fîmes l'expérience. Restait à découvrir l'endroit propice, pas trop éloigné du poste, pour que le bruit attirât les gardes, mais pas trop proche pour les empêcher de voir distinctement la scène. Le choix fut aisé. Il y avait, à cent cinquante mètres environ, une sorte de défilé très court, où le ronflement du moteur se répercutait puissamment. Puis les deux bords de la tranchée s'abaissaient, ne laissant plus subsister qu'un épaulement de terrain en bordure du lac. Il me suffirait de passer en première, à la sortie du couloir, de braquer à droite, de sauter à terre et de courir derrière la voiture. La Land-Rover grimperait facilement sur le terre-plein et dévalerait ensuite la pente très raide qui descendait jusqu'au lac. Elle coulerait à pic. Si même, en draguant, on réussissait à l'accrocher, personne ne trouverait bizarre la disparition de Claire; le soir, jamais la capote de la voiture n'était relevée. Seule difficulté : saurais-je jouer l'affolement ? Claire m'étourdit de conseils, que j'accueillis avec mauvaise humeur car je n'étais pas sûr, précisément, de pouvoir feindre le découragement, le chagrin, le remords, bref, une foule de sentiments difficiles à imiter. Mais, dans la panique, personne ne songerait à m'observer. Je me contenterais de paraître très abattu, comme pétrifié. Je répéterais les mêmes propos, mécaniquement :

« Depuis le départ de Kaboul, je souffrais d'une violente migraine. J'ai dû m'arrêter plusieurs fois en cours de route. Madame Jallu voulait conduire à ma place. J'ai refusé, mais, sur le plateau, comme je n'en pouvais plus, j'ai stoppé pour marcher un peu. J'ai entendu la voiture qui repartait. Madame Jallu a crié quelque chose. Je suppose qu'elle a pris le volant et qu'elle a fait une fausse manœuvre. J'ai couru. Je suis arrivé trop tard. »

Claire approuvait. Je devais m'en tenir à ces quelques explications, très plausibles.

— N'aie pas l'air de les réciter.

— Mais non. Je ne suis pas complètement idiot.

Avions-nous tout prévu ? La migraine ? Jallu savait que je supportais mal la chaleur... La fausse manœuvre ?... Elle se comprenait assez bien. Claire avait voulu faire reculer la voiture jusqu'à ma hauteur, mais elle avait mal placé le levier et la Land-Rover avait bondi en avant. Claire, surprise, n'avait eu le temps ni de redresser la direction ni de couper le contact. Non, il n'y avait pas de trous. La mort de Claire semblerait tout à fait naturelle.

Jallu devait rentrer le lundi. Nous fixâmes l'accident au mardi. Ainsi, l'effet de surprise serait plus fort ; Jallu, fatigué, l'esprit encore plein des problèmes agités les jours précédents, subirait l'événement d'une manière passive. J'aurais à affronter ses reproches plus que ses questions. Encore quatre jours à attendre. Claire était d'un calme impressionnant. Moi, je passais de la détermination à l'abattement résigné. Je sentais venir la catastrophe comme une bête flaire un séisme. Mais je mettais mon point d'honneur à paraître détaché et, pour ainsi dire, étranger au complot. Il y avait, entre Claire et moi, une lutte sournoise. Toute son attitude signifiait : « C'est pour toi, parce que je t'aime, que je me lance dans cette aventure. » Et mon comportement montrait au contraire que j'entendais n'être qu'un assistant, un témoin complaisant. L'affaire ne me concernait pas. D'où de rapides empoignades, qui s'achevaient en réconciliations prudentes. L'amour n'avait guère de place dans cette veillée d'armes. Claire mettait au point les derniers détails, choisissait le costume qu'elle revêtirait pour n'être pas trop remarquée à Kaboul, décidait de m'emprunter une valise, les siennes étant trop luxueuses. Elle pensait vraiment à tout, sans fièvre, comme s'il s'était agi d'organiser un pique-nique. Elle prévoyait même l'espèce de désordre qu'elle laisserait dans sa chambre pour éliminer jusqu'au soupçon d'une fuite, son travail abandonné sur une chaise, les sandalettes de cuir au pied du lit... « Ah! disait-elle, n'oublie pas de laisser mon casque sur le siège, près de toi, il flottera, et l'effet sera plus saisissant! » Le dimanche, le temps se couvrit et la chaleur diminua, ce qui nous inquiéta beaucoup. Si la pluie commençait à tomber – et là-bas elle est torrentielle – nous serions obligés d'attendre, car il ne pourrait être question d'une promenade à Kaboul. Mais Claire me fit remarquer que c'était sans importance puisque nous ne dépendions de personne et que l'accident pouvait avoir lieu n'importe quel jour. Nous nous promenâmes l'après-midi, tête nue, sur les bords du lac. Pour la première fois, la température était agréable, mais, sous un ciel plombé, le barrage et sa vallée semblaient sinistres. Nous étions seuls. Le personnel qui n'était pas de service était parti pour la journée. J'avais le cœur un peu serré. Claire prit mon bras.

– Je sais à quoi tu penses, dit-elle. Moi non plus, je n'aime pas ce que nous faisons... Mais c'est bien sa faute. Il n'est pas méchant, au fond. Et il est tellement pourri d'orgueil qu'on ne peut pas discuter avec lui.

– Est-ce que tu regrettes?

– Oh non! Il restera seul. Tant pis. Il l'a cherché... Il n'a qu'une chose en tête : prendre sa revanche.

– Sur qui?

– Mais sur tout le monde. Sur ceux qui ont douté de lui, qui l'ont dénigré, accusé, traîné dans la boue.

– Franchement, est-ce qu'il est aussi innocent que tu le prétends?

Claire hésita, se baissa pour ramasser un caillou incrusté de paillettes brillantes.

– Il faut le comprendre, dit-elle. Toi, si tu as envie d'écrire un livre, tu prends du papier et tu écris. Ta matière première ne coûte rien. Lui, pour prouver qu'il est Jallu, que ses plans sont les meilleurs, qu'il est le maître des éléments, il lui faut une montagne, un torrent, des milliers de tonnes de béton; il lui faut des milliards. Toi, tu écriras vingt livres, trente livres, autant de livres que tu voudras. Lui, il n'aura sa chance, en mettant les choses au mieux, que sept ou huit fois. Et encore, il sera contesté jusqu'au bout... Je ne crois pas qu'il ait commis des... irrégularités. Mais un homme comme lui pourrait fermer les yeux... oui... sur certaines combinaisons, pour enlever une affaire, saisir l'occasion de s'affirmer, ou plutôt d'affirmer ses théories.

– Et la vie des autres?

– Il n'y pense pas. Il sait, tu entends, il sait qu'il ne peut pas se tromper. Il vend des calculs dont il est absolument sûr. Il m'a expliqué tout cela, un jour. J'avoue que c'est un peu effrayant. La solidité d'un barrage, pour lui, tient à sa forme plutôt qu'au matériau employé. Il prétend même qu'on gaspille le ciment, qu'on en met toujours trop!

– Cela peut mener loin!

Claire lança le caillou dans le lac, regarda les cercles qui s'élargissaient, puis la courbe élégante du barrage et l'étirement de l'eau noire, à l'entrée du déversoir.

– C'est tout son drame, dit-elle. Sa vie est semblable à un suicide prolongé. Tu comprends, maintenant, pourquoi je veux m'échapper?

– Et tu ne crains pas que ta disparition ne lui porte un coup très dur?

– Moi aussi, j'ai le droit de vivre.

– Mais si, plus tard, il te retrouvait?

– Il vaut mieux qu'il ne me retrouve pas.

Nous marchâmes quelque temps en silence. C'était cet homme qui, dans deux jours, allait me demander des comptes.

– Justement, dis-je. Tu ne dois pas revenir à Paris. Ce serait de la démence. Installe-toi si tu veux provisoirement à Londres, puisqu'il a été question de Londres. Tu me communiqueras ton adresse, je te rejoindrai.

– Oui. Je crois aussi que c'est le mieux, dit-elle.

Je repris :

– Tu descendras à l'hôtel sous ton vrai nom?

– Quelle importance, à Londres!

– Mais... ensuite?

– Ensuite! Rassure-toi. Je me ferai établir des faux papiers.

Nous achevâmes notre promenade en silence. J'étudiai une dernière fois l'endroit où je ferais basculer la Land-Rover dans le lac. Il était bien choisi. Le bruit familier attirerait l'attention des gardes sans les mettre en éveil. Ils sortiraient;

assisteraient à la chute, mais de trop loin pour voir si quelqu'un était à bord ou non. Je quittai Claire au seuil de sa chambre.

– Pour cette question de faux papiers... commençai-je.

– Fais-moi confiance!

Encore un mot de Manou. A elle aussi, j'avais fait confiance. Et puis...

Jallu reparut le lundi. Il nous avait défendu d'aller le chercher à l'aérodrome. Un camion du camp le ramena, à la nuit tombante. Il me serra la main, embrassa Claire, toujours distrait, toujours pressé. Pas un mot de ses tractations. Nous n'étions que des auxiliaires, pas des partenaires. Il se retira dans sa chambre, où il dîna seul. Il avait des notes à mettre au net. Claire me regarda. « Tu vois! », semblait-elle dire. Eh oui, je voyais. Je comprenais pourquoi Jallu avait préféré le bivouac du barrage au *Cecil-Hôtel*. De sa chambre, il découvrait le mur, *son* mur. Il était chez lui, ici. Beaucoup plus que dans sa maison de Neuilly. Le mur était sa raison d'espérer. Aucun lieu du monde ne pouvait mieux le protéger contre ses ennemis.

– Avant de me coucher, me souffla Claire, je lui dirai que nous allons demain à Kaboul.

Je pris une douche. La sueur me giclait littéralement de la peau. Demain! Demain! Ce mot me martelait la tête. L'orage, heureusement, éclata dans la nuit, une tempête sauvage, une canonnade à bout portant qui emplit la vallée d'un tumulte de fin du monde. Le fracas m'assomma. Je m'endormis, le cœur malade, après avoir récapitulé toutes nos raisons d'échouer. Nous n'avions pas une chance sur cent de gagner. Et d'ailleurs, qu'avais-je, personnellement, à gagner? Chaque pas vers Claire m'éloignait un peu plus de Manou. Le seul avantage, pour moi, c'était de rentrer à Paris. Je reprendrais l'enquête; je retournerais à Neuilly. J'avais les clefs de la maison; je fouillerais partout, à loisir, puisque Claire m'attendrait à Londres – si tout allait bien – et que Jallu resterait encore quelque temps au barrage.

Quand je m'éveillai, je sentis que le temps venait de changer son rythme, que chaque minute était solennelle, comme au matin d'une cérémonie. Je sortis sur la terrasse. Le ciel était déjà d'un bleu intense, virant au blanc à l'horizon, où les montagnes moutonnaient comme des fumées. Le déversoir, grossi par les pluies de la nuit, grondait en cataracte et le lacis des eaux écumantes se perdait vers l'aval sous le pont d'un arc-en-ciel. Dans trois ou quatre jours, je reverrais l'Arc de Triomphe! J'étais prêt. Jallu et Claire prenaient leur petit déjeuner dans la salle à manger. Je les saluai. Claire m'offrit un visage lisse et reposé. A peine si elle avait entendu l'orage. Près de son mari, elle respirait la paix. Sa voix était aussi unie que d'habitude quand elle lui demanda :

– Avez-vous besoin de quelque chose? Vous vous rappelez que nous allons à Kaboul?

– Non, merci, dit Jallu. Je vous aurais bien accompagné, mais j'ai mon rapport à terminer.

Claire avait aussi prévu cela. Elle savait qu'en choisissant le lendemain du retour de Jallu, nous serions libres. Si elle n'avait rien laissé au hasard, elle avait sûrement pris ses dispositions pour se procurer de nouvelles pièces d'identité. Je décidai de ne plus m'inquiéter, de déposer une fois pour toutes ce fardeau d'incertitudes et de craintes qui m'écrasait. Nous échangeâmes quelques propos que j'ai oubliés. Jallu se leva le premier. Il embrassa Claire sur la tempe, me tendit la main.

– A ce soir. Vous allez avoir très chaud. Je vous préviens.

Claire le regarda au moment où il s'éloignait. Elle le voyait pour la dernière fois. Sortant de cette pièce, il sortait de sa vie pour toujours. Elle était parfaitement calme. Jallu referma la porte.

– Donne-moi une cigarette, murmura Claire et, avec une sorte d'enjouement qui me blessa, elle ajouta : Ça va, toi?

– Oui, ça va.

– Alors, quand tu voudras!

J'allai chercher la Land-Rover. C'était le moment où les domestiques nettoyaient les bureaux. Je ne rencontrai personne quand je transportai la petite valise jusqu'à la voiture. Je la dissimulai sous une bâche, puis Claire me rejoignit et nous partîmes.

– C'est aussi simple que ça, dit-elle, quand j'accélérai, sur la piste.

Ensuite, nous restâmes silencieux jusqu'à l'entrée de Kaboul. Elle me fit stopper un peu avant les premières cabanes de la banlieue.

– Nous allons nous séparer ici. A partir de maintenant, nous ne nous connaissons plus. Si tu m'aperçois dans la journée, tu m'évites.

– Tout le monde va te remarquer! Une Européenne traversant la ville avec une valise...

– Quelle importance, dit-elle, pourvu qu'on ignore que je suis madame Jallu. Mais ça, personne ne le sait ici, sauf toi... Tu n'oublies pas : demain, le garage Ford, jusqu'à 10 heures... Ne fais pas cette tête-là, mon chéri. Ça va marcher, je t'assure... Défends-toi, mon petit Pierre. Défends-nous.

Elle me donna un baiser, très vite, au coin des lèvres. Il y avait des larmes dans ses yeux. Je voulus descendre, mais elle m'avait devancé. Déjà, elle posait la valise à ses pieds.

– Va... va vite.

D'un geste, elle me chassait. Je démarrai et long-temps, dans le rétroviseur, je vis sa silhouette qui diminuait, suivie d'un chien errant qui flairait sa trace. J'allai au *Cecil*. Le plus dur commençait, la longue, l'interminable attente jusqu'au soir, jus-qu'au drame. Je fumai; je bus; je rêvai; j'essayai d'imaginer les démarches de Claire, ses manœuvres pour louer une voiture. Les gens étaient curieux, ici. Une voiture. Une femme seule. On ne manquerait pas de lui poser des questions. Il lui faudrait acheter, très cher, le silence de ceux qu'elle emploierait. Plus je buvais et plus j'avais peur. Je me disais, pour me rassurer, que le trafic avec l'Inde était actif, que beaucoup de voyageurs passaient, chaque jour, la frontière dans les deux sens, que Claire pourrait prendre un car si elle ne trouvait pas de voiture, que l'argent était tout-puissant dans ce pays si pauvre... De temps en temps, je surveillais la rue; j'étais malheureux et divisé. Qu'est-ce que j'éprouvais au juste pour Claire? Si j'avais la chance de retrouver Manou, est-ce que Claire compterait encore? Je me noyais dans des remords inutiles; je touchais le fond d'une désespérance grise, d'un brouillard de sentiments contradictoires. Les heu-res s'effilochaient tandis que j'errais en moi-même, au gré d'une méditation nauséeuse. Etais-je seule-ment sûr de revoir Claire? Irais-je à Londres si Manou ne me donnait plus jamais signe de vie? Et que signifierait un mariage avec une femme qui cacherait sa véritable identité? Il ne serait, évidemment, pas valable. L'avenir, une fois de plus, se dérobait. Quelle existence, si nous devions sans cesse nous méfier des autres, épier l'assistance avant d'entrer dans un théâtre, un cinéma, redouter la fatale rencontre qui nous démasquerait! Nous étions condamnés à vivre à l'écart, petitement, inconnus de tous. Alors, mes projets, mes livres? Comment avions-nous pu refuser de mesurer ces obstacles? Non. Je n'irais pas à Londres. Je répondrais à Claire ce qu'elle m'avait dit elle-même, avec tant de violence: « Moi aussi, j'ai le droit de vivre! »

Je saluai de loin quelques fonctionnaires désœuvrés, déjeunai sans appétit, l'esprit toujours préoccupé de Claire et de Manou. C'était comme un jeu de miroirs, l'image de l'une renvoyant à celle de l'autre, sans fin. Je tombai dans une somnolence fiévreuse, qui dura une partie de l'après-midi, puis, incapable, soudain, de demeurer en place, je sortis. Mais j'eus beau parcourir les rues de la ville, je ne trouvai pas Claire. Je ne pouvais plus reculer. Pour m'encourager, je me répétais: « Tu l'as bien voulu! Quand tu proposais à Manou de disparaître, tu étais bien prêt à faire ce qui te semble tellement risqué, aujourd'hui! Alors, imagine que Claire est Manou! » Car j'en revenais toujours là, malgré moi, avec la stupidité d'une mouche qui s'obstine contre une vitre. Allons, c'était l'heure!

Le soleil descendait vers la montagne qui luisait comme de la tôle. J'avais la tête douloureuse. Je ne mentirais pas, tout à l'heure, en invoquant ma migraine. Je disposai sur le siège, à côté de moi, le casque de Claire et repris le chemin du barrage. Est-ce que la Land-Rover m'obéirait jusqu'au bout? Si elle calait, si je n'arrivais pas à me débarrasser d'elle?... Je dirais quoi?... Claire m'avait fait la leçon, car elle avait envisagé cette éventualité comme toutes les autres, mais je ne me rappelais plus ses recommandations. Je cahotais, sur la piste, dans la lumière de four du couchant. J'étais en proie à la terreur de ne pas sauter à temps, d'être entraîné dans la chute. Je vis le lac, rouge comme une coulée de métal, virai dans la combe, au pied du plateau, attaquai le raidillon. Encore un petit kilomètre. Je repassai mentalement tous mes gestes, rétrograder en première, enclencher les deux ponts, braquer à droite juste après le couloir et sauter. Tous ces mouvements bien liés, sans précipitation. Le barrage se rapprochait, bien dessiné par la lumière rasante. Il n'y avait personne auprès de la guérite. Attention, c'était maintenant. Le moteur, dès l'entrée du couloir, déchaîna son bruit. Je me sentis nu, exposé à tous les regards, coupable jusqu'à l'os. Première, manette à fond, volant à droite; je bondis hors de la machine et me reçus mal. Une douleur brutale comme un coup de bâton me faucha la cheville gauche. Je roulai à terre, me relevai en boitillant. Déjà la lourde Land-Rover escaladait de biais l'épaulement. Je suivais, à cloche-pied. Elle parut happée et j'entendis un affreux vacarme de ferraille. J'arrivai sur la crête au moment où elle s'abîma dans le lac et la gerbe d'eau rejaillit jusqu'à moi. Un jerricane, projeté sur le sol par un soubresaut de la voiture, culbutait encore sur la pente, tout seul, et plongea dans le remous. Alors ma cheville céda et je m'effondrai. Si un rocher ne m'avait pas retenu, je faisais le saut moi aussi. Je fermai les yeux. Je souffrais de partout mais le plus dur était passé. J'entendis des cris, des galopades. Au bord de la syncope, je flottais dans une sorte d'inconscience heureuse. C'était fini pour moi. Les événements mis en marche par Claire commençaient à s'ébranler, comme les premières plaques de neige d'une avalanche. Je ne prévoyais pas, alors, que nous serions tous emportés!

Je n'affrontai pas Jallu tout de suite. J'étais d'ailleurs hors d'état de répondre. Je fus étendu sur une civière. Je me rappelle que quelqu'un demanda :

– Madame Jallu était avec vous?

Et une autre voix cria :

– Vous voyez bien son casque, là-bas, qui flotte...

Et puis d'autres voix : « Prenez garde, il est blessé... » « Elle a dû couler à pic... » « Il faudrait des appareils de plongée. Nous n'en avons pas... » « Oui. On l'a prévenu. Il arrive... » Je ne sais qui heurta mon pied. Je m'évanouis. Ce fut plus tard, à l'infirmerie, que je me trouvai face à face avec Jallu et, comme il arrive toujours, rien ne se passa comme je l'avais imaginé. Jallu s'assit près de moi. Il paraissait épuisé, vieux, vaincu.

– Ne remuez pas, dit-il. Vous avez la cheville foulée et le cuir chevelu profondément coupé.

Je ne m'étais pas encore aperçu que je portais un pansement à la tête. Il se méprit sur l'expression de mon visage, car il ajouta :

– Non, on ne l'a pas retrouvée. On ne la retrouvera pas; c'est impossible.

Je récupérai d'un coup tout mon sang-froid. J'avais redouté un éclat, une explosion de colère, une scène insoutenable. J'avais affaire à un homme qui se dominait et dissimulait soigneusement ses sentiments. Seule, sa voix le trahissait. Je lui expliquai de mon mieux l'accident. Il hochait la tête.

Bien sûr, il reconnaissait là l'étourderie et l'imprudence de sa femme!

– J'ai été complètement pris au dépourvu, dis-je. Sur le moment, je n'ai même pas compris ce qui se passait.

– L'eau du lac est très froide, fit-il. Ma femme savait nager, mais la congestion a dû être immédiate. Et puis, elle était peut-être blessée...

Il soupira.

– C'est moi qui ai insisté pour qu'elle m'accompagne ici, conclut-il. Je suis responsable de tout... On va encore faire des recherches, mais je n'espère rien. J'aurai besoin de vous demain, pour l'enquête. Bonsoir, monsieur Brulin. Tâchez de dormir.

Et je dormis, tellement j'étais épuisé, soulagé, écœuré, abruti. Le lendemain, je pus me lever. Ma cheville était douloureuse mais pas trop enflée. Ma tête bourdonnait encore un peu. L'enquête fut rapide. Je racontai mon histoire à un Afghan qui était sans doute l'équivalent d'un commissaire de police. Puis je rédigeai un rapport et ma déposition alla rejoindre, au dossier, celles des sentinelles témoins du drame. Jallu, par mon truchement, pria les autorités de ne pas ébruiter l'affaire. Il estimait préférable d'éviter tout commentaire, étant donné les circonstances. Tout se déroulait comme l'avait prévu Claire. La discrétion des policiers garantissait le succès de son évasion. Le soir venu, je n'eus plus aucun doute. Claire avait réussi. Officiellement, elle était morte.

Je restai plusieurs jours à l'infirmerie, incertain de la conduite à tenir. Jallu me rendit deux fois visite, pour la forme. Je sentais bien qu'il se forçait.

Il devait me détester mais il n'en laissait rien voir. Quand je lui annonçai mon intention de rentrer en France, il dit simplement :

– Je crois que c'est le mieux, en effet.

J'étais congédié. Dès lors, j'activai mes préparatifs. Je voulus le saluer avant de quitter le barrage. Son domestique me fit savoir qu'il était absent. Le camion de ravitaillement m'attendait. D'un dernier coup d'œil, je regardai le mur, *son* mur, le déversoir fumant, la vallée perdue. Et maintenant, qu'est-ce qui m'attendait ? Je grimpai près du chauffeur.

Jallu était debout, à l'endroit où la Land-Rover avait disparu. Immobile. Il contemplait le lac, obstinément. Quand le camion passa derrière lui, il ne se retourna même pas.

Je retrouvai Paris avec une joie profonde. Les vacances commençaient à vider la ville et je me sentais des yeux neufs, un cœur neuf. Je me rappelle que, pendant plusieurs jours, comme un provincial ébloui, je ne cessai de me promener, de revoir ce que j'avais mille fois vu, de m'accouder aux parapets des ponts, de caresser la pierre du bout des doigts. Les longues avenues s'enfonçant dans le bleu me conduisaient à de tendres rendez-vous avec moi-même et, bientôt, avec des souvenirs qui devinrent très vite des hantises. Manou! Puisqu'elle était si bien renseignée, elle devait savoir que Claire s'était rendue à Kaboul et que, par conséquent, j'avais découvert son imposture. Désormais, elle ferait tout pour m'éviter. Je n'avais plus aucune chance de la rencontrer. Peut-être avait-elle quitté Paris. Et pourtant, je ne lui en voulais plus. Elle avait essayé de me tromper, mais moi, qui étais devenu l'amant de Claire?... Oui, j'étais beaucoup plus coupable qu'elle! Quand elle apprendrait que Claire avait été ma maîtresse – et elle l'apprendrait sûrement – je passerais à ses yeux pour l'homme le plus méprisable. Et je n'avais aucun moyen de me faire entendre.

La joie du retour était bien morte. J'étais retombé dans mes doutes d'autrefois. Car, à la vérité, je n'étais sûr de rien. Pourquoi Manou saurait-elle que Claire avait été ma maîtresse? Qui le lui dirait? Pas

Claire. Alors?... Je voyais bien où toutes ces réflexions stériles me menaient. Cependant, je résistais toujours. J'étais stupide de me raccrocher encore au passé. Après tout, Manou penserait ce qu'elle voudrait. J'étais libre. Je ne devais de comptes à personne. Même pas à Claire. Pauvre Claire! Elle était sans doute à Londres, se morfondant. Mais je n'avais plus aucune envie de la revoir. On m'aurait bien surpris si l'on m'avait dit que j'avais des devoirs envers elle. Je ne songeais qu'à Manou et, un soir, je compris que ma résistance était à bout et que le baroud d'honneur était fini. Manou avait gagné. Je lui écrivis, du restaurant où nous avions déjeuné, jadis. Quelques lignes rapides :

*Manou, Manou chérie. Je n'ai rien oublié. Je viens de rentrer et je te retrouve partout. Chez moi – chez nous – tu es vivante au point que je n'ose plus rien regarder, plus rien toucher, de peur d'effleurer ta main. Et si je sors, c'est pour te voir dans chaque silhouette. Et si je suis seul, je respire encore l'air que tu respires. Manou, si tu m'as aimé, tu connais ce mirage. La mort, je ne sais pas, il me semble qu'on peut s'arranger avec elle. Ça se médite, la mort. Mais l'absence... Elle n'est faite, Manou, que de nos lâchetés, de nos faiblesses. Il suffirait d'un peu de courage, d'un peu de franchise... Ce que tu as voulu me cacher n'a aucune importance puisque je t'aime. Pendant mon voyage (tu vois, je te dis tout) j'ai essayé d'aimer une autre femme, pour survivre. J'ai échoué. Je n'aimerai plus jamais personne. Si cette lettre te parvient, je t'en supplie, Manou, réponds-moi, donne-moi un signe. Il n'y a que Dieu qui ait le droit d'exister sans se manifester jamais.*

136

Je n'avais pas oublié le numéro de sa boîte postale. J'expédiai donc ma lettre et, pendant quelques heures, je fus apaisé. Manou n'aurait pas le cœur de me laisser dans l'incertitude. J'aurais dû lui écrire du barrage. Si, au lieu de céder à je ne sais quelle rancune, je lui avais tout raconté... Mais non! Je ne pouvais rien dire. Lui parler de Claire, c'était lui reprocher, ouvertement ou implicitement, sa conduite. Et d'ailleurs, si elle me répondait, si elle me donnait un rendez-vous, ne serais-je pas obligé de lui demander pourquoi elle avait voulu prendre la place de Claire? J'avais fait une faute. J'aurais dû lui suggérer que la page était tournée, que nous ne reviendrions jamais sur le passé. Au milieu de la nuit, je me levai pour écrire une nouvelle lettre, mais, cette fois, je ne trouvai plus mes mots. J'avais l'air de l'accuser en passant l'éponge. Quand vint le matin, j'étais épuisé et presque décidé à quitter la France, à partir n'importe où. « Est-ce que je l'aime, seulement?... Est-ce que je ne suis pas plutôt en train d'écrire mon propre roman? » J'agitais ces pensées dans ma cuisine, tandis que l'eau du café bouillait, débordait, crépitait en touchant la flamme. Cet appartement, je sentais bien que j'allais le prendre en horreur. Et je découvrais, au même instant, qu'on ne sait jamais si l'on aime, que l'amour tient peut-être en une sorte de pacte grâce auquel on se donne l'illusion de ne pas changer, de braver le temps et le secret désir d'oublier. Cette lucidité glacée du petit jour, je m'y étais blessé bien des fois. Je sortis et errai longtemps dans la ville déserte aux magasins fermés, où le premier soleil semblait donner une fête privée et mystérieuse. L'envie d'écrire me serrait au ventre plus forte qu'autrefois le désir. Je me promenai sur les quais, plein de phrases avouant ma défaite. Dans un café, je mangeai au comptoir des croissants gluants et décidai, soudain, de me remettre au travail. J'avais besoin, tout à coup, de mon bureau, de mes dossiers, de ma vie d'avant. J'avais besoin de voir des gens, d'entendre sonner le téléphone. Je crevais de solitude. Je n'étais plus qu'une ombre aux enfers.

A 10 heures, le surlendemain, je me fis annoncer chez mon directeur. Il m'accueillit avec sa gentillesse habituelle. Il avait appris, par les journaux, la mort de Mme Jallu, et n'était pas fâché d'avoir quelques détails. Je lui racontai les circonstances de l'accident, non sans éprouver quelques craintes. Si la vérité éclatait un jour, il ne me pardonnerait pas mes mensonges. J'avais été fou d'écouter Claire. J'en avais là, dans ce bureau, la certitude aveuglante.

— Vous paraissez fatigué, observa-t-il. Voulez-vous un congé supplémentaire? En ce moment, la maison tourne au ralenti.

— Non. Surtout pas. Je compte sur le travail pour me remettre.

— Votre livre sur l'Afghanistan... vous l'écrivez?

— Plus tard.

— Je vous conseille de le romancer fortement, dit-il en souriant. Jallu ne manquerait pas de nous chercher des histoires. Il ne doit pas vous porter dans son cœur. La mort de sa femme n'a certainement pas arrangé ses affaires.

Nous parlâmes un long moment des projets en cours, de la rentrée qui promettait, comme tous les ans, d'être difficile. Comme je m'apprêtais à prendre congé, il me retint par le bras.

138

– Vous ne voulez pas aller au Viêt-nam, par hasard?

– Ma foi non... Les voyages au long cours ne me réussissent pas tellement.

– Dommage! J'aurais pu vous envoyer là-bas... pour le compte d'un grand journal du soir...

– Dites toujours.

– Non, puisque cela ne vous intéresse pas... Réfléchissez quand même. Si vous changiez d'avis, on pourrait voir.

Il me reconduisit jusqu'au palier et je descendis dans mon bureau; il était en désordre, comme d'habitude, encombré de livres, de revues. Ma secrétaire, dans la pièce voisine, tapait le courrier. Je fis quelques pas, allumai une cigarette. Manou était entrée par la porte du fond. Elle s'était assise là, dans ce fauteuil. Je revivais la scène. Rien n'avait changé. Je n'avais qu'à feuilleter mon bloc; je retrouverais la page où j'avais noté: Emmanuelle. Au fait, son manuscrit devait être encore dans le classeur... J'ouvris le meuble, fouillai parmi les dossiers. Où l'avais-je fourré, ce manuscrit? J'étais sûr de l'avoir rapporté, une fois les corrections terminées. J'appelai Yvonne, ma secrétaire. Personne ne lui avait dit que j'étais revenu et pendant un quart d'heure, je dus répondre à ses questions, lui expliquer comment nous vivions, au barrage, ce que nous mangions, comment les gens là-bas s'habillaient; je me laissais aller, je riais avec elle et, en même temps, je songeais que le manuscrit était un appât puissant, qu'il me suffisait d'écrire à Manou sur le papier de la maison pour l'amener à accepter un rendez-vous d'affaires. Elle tenait trop à son livre. Si elle apprenait qu'il était à la composition et qu'on avait besoin d'elle pour une raison que j'inventerais facilement, elle viendrait, j'en étais certain. Comment avais-je pu oublier un pareil moyen de pression? Dans l'agitation des jours qui avaient précédé mon départ, ce manuscrit était passé à l'arrière-plan de mes soucis. Et depuis!...

– Drôle d'idée, s'écria Yvonne, de rentrer quand tout le monde s'en va. A votre place, j'aurais fait durer mes vacances.

– Oh! Je n'ai pas l'intention de travailler très fort. Mais il faut bien que je fasse vivre ma collection. A propos, qu'est devenu le manuscrit signé Emmanuelle? Vous vous rappelez, l'histoire de cette jeune femme, à Bombay?

– Il a été retiré.

– Retiré?... Je ne comprends pas.

– On a téléphoné, vendredi dernier, en fin d'après-midi. La personne désirait qu'on le lui renvoie, pour qu'elle puisse encore le retoucher.

– Quelle personne?

– Mais... l'auteur.

– Qui a pris la communication?

– Moi.

– Voyons, ça ne tient pas debout. Qu'est-ce qui s'est passé au juste?

Yvonne me regardait, interdite.

– Je ne vous fais aucun reproche, dis-je. Simplement, je ne comprends pas. Répétez-moi exactement ce que vous avez entendu.

– Eh bien, on vous a appelé sur la ligne directe. J'ai décroché et...

– C'était une femme qui parlait?

– Oui. Elle a demandé si vous étiez là. Je lui ai répondu que vous étiez en voyage. Alors, elle m'a prié de lui retourner son manuscrit.

– A quelle adresse?

– A sa boîte postale!

– Et qu'est-ce que vous avez fait?

– Je l'ai expédié le soir même. Il ne fallait pas?

– Oh! Ça n'a pas une grande importance.

– De toute façon, elle ne tardera certainement pas à le rapporter.

– Oui. Je pense que vous avez raison. Merci... Je vais écrire quelques lettres. A tout à l'heure, Yvonne.

Elle sortit. Je m'assis, assommé. Ainsi, Manou avait appris mon retour. De quelle manière? Qui l'avait prévenue? Pas Jallu, évidemment. Et encore moins Claire, qui se cachait à Londres. Mais le fait était là. Pour éviter de me revoir, Manou s'était fait renvoyer son manuscrit. Elle me surveillait dans mes allées et venues. Elle savait donc que j'étais resté plusieurs jours chez moi, sans donner signe de vie à personne? Je sentais la fragilité de toutes mes hypothèses. Et pourtant elles s'imposaient à mon esprit. Il ne pouvait s'agir d'une coïncidence. J'étais revenu le vendredi et, ce même vendredi, Manou téléphonait... sur ma ligne directe.

Je m'efforçai de travailler. Peine perdue. J'étais incapable d'écrire un mot. Et cependant je me reprenais à espérer. Car enfin Manou était à Paris. C'était une certitude. Elle gardait le silence, soit. Mais elle vivait, quelque part, dans mon ombre. Elle s'occupait de moi. Et si j'étais assez habile, peut-être réussirais-je à la saisir. Manou! Que signifiait cet affreux jeu de cache-cache?

Je marchai longtemps dans ce bureau où, tout de suite, je me heurtais aux murs. Elle porterait son manuscrit chez un autre éditeur, mais je n'aurais qu'à donner cinq ou six coups de téléphone pour être renseigné. Cela, elle ne l'ignorait pas. Avait-elle donc renoncé à être publiée? Mais ce roman, c'était presque sa raison de vivre. A moins que... Oui, cette idée m'avait déjà effleuré... si Manou s'était servie de notes réunies par Claire, si elle avait en quelque sorte écrit le livre d'une autre, elle savait, maintenant, qu'elle était découverte, démasquée, puisque j'avais rencontré Claire au barrage et que nous avions eu le temps de parler. Manou, si fière, devait croire que je la méprisais...

Aussitôt, je griffonnai sur mon bloc:

*Manou, j'apprends que tu as réclamé ton manuscrit. Il faut que nous nous expliquions une bonne fois. Comprends donc que ton travail ne doit rien aux emprunts que tu as pu faire, volontairement ou non. Cette question est vraiment sans importance. Et tu me mets, ici, dans une situation impossible. Si, pour une raison que je ne parviens pas à comprendre, tu ne veux pas me rencontrer chez moi, viens à mon bureau. Et rapporte-moi ce manuscrit, qui m'appartient autant qu'à toi, ce que tu sembles oublier. Manou, si tu me dis en face: « C'est fini », je te donne ma parole que je te laisserai aller. Je ne chercherai plus à te revoir. Mais tu ne peux pas disparaître de ma vie comme une voleuse...*

Je rayai le mot, jurai, recommençai ma lettre et, finalement, tant pis, j'écrivis « *comme une voleuse* ». On verrait bien. L'adresse... toujours la boîte postale, évidemment. C'est alors que j'eus l'idée... Comment n'y avais-je pas pensé plus tôt?... Je n'avais qu'à courir au bureau de poste. Si le paquet était toujours dans la boîte, ainsi que ma première lettre, cela signifierait que mes suppositions étaient fausses. Si la boîte était vide, alors j'aurais la ressource

142

d'écrire à Manou chaque jour, de l'accabler de lettres et peut-être céderait-elle. Je m'embrouillais dans tous ces raisonnements stériles et me libérai de ce grouillement de suppositions en appelant un taxi qui me conduisit avenue de Wagram. Et si j'allais rencontrer Manou?... Je traversai la salle en regardant autour de moi. Non. Manou n'était pas là. Je m'approchai des boîtes postales alignées que je passai en revue. Et je m'arrêtai, les jambes fauchées, devant la case 71, la case de Manou. A travers la plaque vitrée, je voyais distinctement l'intérieur de la boîte. Le manuscrit n'y était plus. Ma lettre non plus. Donc, Manou était venue. De nouveau, j'observai les gens autour de moi. J'éprouvais, brusquement, une sensation toute nouvelle : il me semblait que j'étais surveillé. Pourtant, Manou n'aurait pas pris le risque de me suivre. Mais alors, comment avait-elle appris que... Je revins lentement, la tête pleine de ce nouveau mystère. Nouveau? C'était plutôt l'ancien qui renaissait, encore plus opaque et torturant. Si j'essayais de le formuler, je me heurtais toujours à la même contradiction : d'une part, il y avait un lien entre Manou et Claire; d'autre part, il ne pouvait y avoir aucun lien entre elles. Sinon, je l'aurais su, puisque j'avais été leur amant. Au fait, je l'étais encore! C'était bien le comble de l'absurde! Celle que j'aimais fuyait devant moi, comme je fuyais devant celle qui m'aimait. Je déjeunai tristement, dans un restaurant de hasard, remuant les idées les plus saugrenues. Je songeai même à m'adresser à un détective privé. Il ferait, lui, sans difficulté, certaines démarches que je répugnais à entreprendre. Je ne me voyais pas questionnant, par exemple, les fournisseurs de Jallu. Mais, à la réflexion, je compris que c'était le meilleur moyen de tout gâcher. Manou était sur ses gardes. La moindre tentative pour la cerner, la capturer de force, me l'aliénerait pour toujours. Je devais patienter, attendre, rester à l'affût. Je regagnai donc mon bureau, comme quelqu'un qui n'a pas de soucis. Je jouais à l'homme qui se sait observé; j'épiais les reflets dans les vitrines. Ce n'était qu'un jeu, j'en étais sûr, mais il me restituait ma terrible passion d'autrefois. Qu'avais-je eu de Manou, sinon cette perpétuelle attente? Le meilleur de mon amour avait toujours été fait de son absence. Je m'étais demandé mille fois : où est-elle? Et maintenant je me répétais : « Manou, tu es là, tout près peut-être. Montre-toi... Tu vois, je ralentis le pas pour que tu puisses me rejoindre. Si tu glisses ton bras sous le mien, je ne te poserai aucune question. Nous marcherons l'un près de l'autre. Le passé sera effacé »...

Mais j'étais seul, sur le trottoir où remuait l'ombre des platanes... Lui écrire encore? Je n'en avais plus le courage. Quand je fus assis devant mon bureau, un immense découragement me saisit. Travailler? A quoi bon! Je retirai mon veston, mesurai de l'œil toutes les heures qui me séparaient du soir. C'était pire à traverser que le plateau calciné où s'adossait le barrage. Peu à peu, la chaleur m'engourdit, si bien que je tâtonnai quand le téléphone sonna, croyant que c'était Jallu qui m'appelait. Je m'étais endormi. Je ne reconnaissais plus mon bureau. Furieux contre moi, je décrochai et dis hargneusement :

— Allô!... Brulin à l'appareil.

Personne ne répondit.

— Allô!... Ici, Brulin.

J'entendais respirer, à l'autre bout du fil. J'eus

soudain la révélation que c'était elle. Je murmurai :

– Manou... C'est toi?

J'écoutais de tous mes nerfs, de tout mon corps. Là-bas, tout bruit avait cessé. Il n'y avait plus, entre nous, que cette attente vertigineuse.

– Manou... Je t'en prie, Manou... surtout, ne raccroche pas... Attends... Tu vois, j'essaye de me retrouver... Manou... Manou chérie... Tu m'écoutes?... Il n'y a rien de changé entre nous... Je t'aime comme avant... Si tu ne m'as pas donné signe de vie plus tôt, c'est que tu avais tes raisons... Je ne veux pas les connaître. Mais reviens, Manou... Ce soir... chez nous... Si tu savais ce que...

Le déclic du téléphone qu'on raccrochait éclata dans ma tête comme une détonation. Je continuais à former des mots qu'elle n'entendait plus. L'espace, un instant aboli, s'était reformé, la rejetant loin de moi. Où? Restait ce rendez-vous à demi accepté, à demi refusé. Comment savoir? Après un long moment, je remis le téléphone sur sa fourche. Mon cœur battait si lourdement que je le massai, du pouce, incapable de former une pensée cohérente. Pourquoi m'avait-elle appelé?... Je ne lui avais pas laissé le temps de parler... J'avais agi comme un imbécile. Nous avions peut-être été coupés? Peut-être allait-elle reprendre le dialogue?...

J'attendis jusqu'au soir, sursautant à chaque sonnerie. Mais c'étaient, chaque fois, des appels de service. Je partis à 6 heures, malade d'incertitude. Pourtant, j'achetai des fleurs, des gâteaux, une bouteille de champagne, les cigarettes qu'elle aimait, et je préparai, chez moi, la fête à laquelle elle ne viendrait pas. Je m'endormis près de la table servie. J'étais épuisé. Il était plus de minuit quand je fus tiré de mon sommeil par des crampes douloureuses. Les gâteaux s'affaissaient sur leur carton. Je les mangeai. La lumière de la lampe, près du divan, éclairait mes mains qui tremblaient.

Un nouveau jour commença, plus interminable encore que le précédent. Je n'osais plus quitter mon bureau une seconde. Elle me rappellerait, forcément! Elle ne pouvait pas ne pas m'appeler. A midi et demi, je me résignai à sortir. Je rencontrai un garçon qui avait publié, chez nous, un roman quelques mois auparavant. Il m'invita à déjeuner et j'acceptai, pour échapper à mon obsession. Mais, quand je vis ma montre marquer 2 h 45, je cessai de prêter attention à ses propos. La veille, c'était vers 3 heures que Manou m'avait téléphoné. Je n'y tins plus. Je m'excusai et courus au bureau.

— Yvonne... Est-ce qu'on m'a appelé?

— Non, dit Yvonne. Mais on a apporté une lettre.

— Où est-elle?

— Sur votre sous-main.

Je fermai la porte de communication pour rester seul, et pris la lettre, une enveloppe avec mon nom, tapé à la machine, qui semblait contenir de nombreux feuillets. Manou avait préféré m'écrire. J'allais enfin savoir. Je fendis l'enveloppe avec mon coupe-papier, et en retirai une liasse de billets de banque. Rien de plus. Je les comptai. C'était bien la somme que j'avais avancée à Manou sur ses droits d'auteur. Je me précipitai vers le hall où, dans sa logette vitrée, l'huissier lisait le journal.

— Clément, c'est vous qui avez déposé une enveloppe sur mon bureau?

— Oui, monsieur.

— Qui vous l'a donnée?

146

— Personne. Je l'ai trouvée dans la boîte, en rentrant à 2 heures.

Ainsi, Manou avait choisi le moment où elle savait la maison déserte pour apporter cet argent. Cela signifiait clairement que tout était fini entre nous. Moi qui réclamais un signe, j'étais comblé. Le geste de Manou était assez éloquent! Pourquoi pas un chèque, comme à un fournisseur... Je m'arrêtai, la main sur la poignée de ma porte. Au fait, pourquoi pas un chèque?... Parce qu'elle ne voulait pas, parce qu'elle ne pouvait pas indiquer son identité. Sinon, pourquoi aurait-elle pris le risque de venir? Tant de précautions, depuis le début... le pseudonyme, la boîte postale, et aujourd'hui cette enveloppe... Je m'assis dans mon fauteuil, oubliant même de ramasser l'argent... Objection : elle m'avait reçu chez elle... Oui, mais il y avait des semaines que je l'en priais, et elle avait attendu le tout dernier moment, celui où la maison était déjà fermée. Une fois de plus, j'étais peut-être en train d'interpréter tout de travers les signaux qu'elle m'adressait. Elle essayait peut-être, justement, de me faire comprendre la vérité. Allons donc! Elle n'avait qu'à me téléphoner, tout m'avouer. Personne ne la surveillait, que diable!... Doucement, qu'est-ce que j'en savais? J'avais honte de ma mauvaise foi. J'étais en train d'ergoter, de me raccrocher à des hypothèses idiotes, au lieu d'être beau joueur. On ne t'aime plus, mon vieux. Tu es vexé, mortifié. Tu n'admets pas qu'on te signifie ton congé. Une rupture, ça doit venir de l'homme, c'est bien ça?

Non, ce n'était pas ça... Dans le courrier du cœur, dans les chansons, d'accord, l'amour vient, s'en va. Mais Manou et moi, c'était tout autre chose. Bon Dieu, quoi, je n'avais qu'à me souvenir. Si Manou se comportait avec moi d'une manière tellement inexplicable, il y avait une raison. Peut-être quelqu'un l'obligeait-il à rompre avec moi. Mais alors qui?... Jallu?... Elle aurait été la maîtresse de Jallu! J'avais déjà songé à cela... Et si Jallu, maintenant qu'il se croyait veuf, proposait à Manou de l'épouser? Est-ce que Manou, malgré ses répugnances, n'était pas sur le point d'accepter? Jallu avait sans doute dicté ses conditions : retrait du manuscrit, renonciation à toute carrière littéraire, rupture immédiate... D'où ce coup de téléphone bizarre... Manou, à la dernière seconde, n'avait pas eu le courage de parler... Je tenais probablement la bonne explication. J'empochai les billets en ricanant. Chère Manou! Elle m'aimait toujours, mais elle ne voulait pas laisser échapper Jallu, sa fortune, sa position. Pendant mon absence, elle avait réfléchi. Et moi, là-bas, en me prêtant aux calculs de Claire, je faisais aboutir ceux de Manou. C'était trop drôle! Dire que je craignais les reproches de Jallu. Il avait dû me bénir, au contraire! J'avais tiré les marrons du feu. Seulement, je ne serais pas jusqu'au bout le bon petit Pierre, le naïf toujours prêt à rendre service. Je pris mon bloc et j'écrivis d'une traite :

*Manou, ma chère amie, voici donc l'heure de nous séparer. Vous avez payé intégralement vos dettes et je vous en remercie. Je savais que vous étiez une femme de tête. Et pourtant... Vous n'avez pas tout prévu. A-t-on retrouvé le corps de Mme Jallu? Supposez que Claire ne soit pas morte. Et croyez bien que je ne dis pas cela à la légère. Je suis le seul témoin de l'accident; ne l'oubliez pas. Vous auriez eu intérêt à me faire part de vos projets. J'aurais pu vous conseiller utilement. Vous avez jugé bon de vous taire, tant pis pour vous. Je serai moins discret. Je vous souhaite, ma chère Manou, tout le bonheur que vous m'aviez promis.*

Je cachetai, marquai le numéro de la boîte postale, puis je donnai la lettre à Yvonne. Je tirai de ma colère une sorte de bien-être qui dura jusqu'au soir. Est-ce que je mettrais à exécution mes menaces? Ma foi, je l'ignorais. Ce qui était sûr, c'est que je tenais Manou. Cette femme, qui me glissait entre les doigts depuis des mois, je ne la supplierais plus de venir chez moi; je lui ordonnerais de paraître et elle obéirait. Pendant le dîner, je passai soigneusement en revue tous les détails de notre liaison, pour éprouver la force de mon argumentation. Non, je ne pouvais pas me tromper. J'avais vu juste. Demain, elle trouverait ma lettre. Et alors, elle capitulerait. J'étais si content de moi que je me sentis la force d'aller jusqu'à Neuilly. La nuit tombait. Il y avait de la lumière dans la chambre de Manou, ou plutôt dans la chambre de Claire. Je cherchais une preuve de la trahison de Manou; je l'avais. Manou avait pris possession de la maison. Elle était là comme chez elle. Et si je sonnais à la grille? Mais non. J'aimais mieux attendre. Je voulais l'humilier. C'était elle qui sonnerait chez moi. Je rentrai à pied, et il était plus de minuit quand je m'assis sur le lit, épuisé. Mon excitation m'abandonna. J'avais peut-être pris l'avantage sur Manou, mais elle n'en était pas moins perdue pour moi. Le paquet de cigarettes que je voulais lui offrir était là, près de la bouteille de champagne et des fleurs encore fraîches. J'allais l'ouvrir quand la sonnette retentit, et je demeurai figé. Elle? Déjà? C'était forcément elle, à cette heure. Je courus à la porte.

– Toi! dis-je.

– Tu ne m'attendais pas, dit Claire.

Elle entra, posa sur le divan la valise que je lui avais choisie, au barrage, ainsi qu'un petit sac bleu marqué des trois lettres : T.W.A. Elle vit les fleurs, la bouteille, eut un petit sourire tremblant.

– C'est pour moi?... Oh! mon chéri!

Je fermai les yeux quand elle m'embrassa.

– As-tu dîné?

– Oui, dit-elle. Avant de quitter Londres.

– Tu devais m'écrire?

– J'ai préféré venir. Ici, je me procurerai sans peine de nouveaux papiers.

– Tu as pu facilement te débrouiller?

Elle avait retiré son manteau et examinait l'appartement.

– C'est charmant, chez toi.

Je pris la bouteille de champagne pour la faire disparaître dans le réfrigérateur.

– Bonne idée, fit-elle. Je meurs de soif. Je vais t'aider.

Elle trouva les verres, un plateau et même un paquet de petits-beurres dont j'avais oublié l'existence.

– Claire, dis-je, pourquoi es-tu venue? Dis-moi la vérité.

Elle retira ses souliers et s'installa sur le divan, les jambes repliées sous elle. J'emplis les verres et nous nous regardâmes.

– Tu n'es pas content? murmura-t-elle.

– Pas très. Tu me recommandes la prudence; tu prends mille précautions et tu n'as rien de plus pressé que de venir te montrer à Paris.

– Je ne me suis pas montrée... D'ailleurs, tout le monde est en vacances.

– Bon. Alors, tu as raison comme toujours.

– Pierre... écoute-moi... Si je n'étais pas venue, qu'est-ce que tu aurais fait?

– Mais il y a huit jours à peine que je suis rentré. Laisse-moi le temps de me retourner. On ne lâche pas un poste comme le mien sans crier gare. Il y a des lois, mon petit, et tu n'as pas l'air de t'en douter. Je leur dois un mois...

J'inventais, au fur et à mesure. J'étais furieux, écœuré. Je me dégoûtais. Mais de quel droit tombait-elle ainsi chez moi? De quel droit volait-elle la place de Manou? Qui lui avait permis de s'installer sur le divan, de disposer de tout comme... comme si elle était ma femme? Je ne l'aimais pas, moi, et j'avais envie de le lui crier. J'en avais assez, de ces mensonges. Pourquoi n'avais-je pas accepté de filer au Viêt-nam? Heureusement, il n'était pas encore trop tard.

– Je ne veux pas m'imposer, dit Claire.

– Il ne s'agit pas de ça.

– Je croyais que...

– Je t'en prie. Laisse-moi réfléchir.

Je n'avais jamais rien vécu de plus grinçant, de plus faux. Elle m'avait tellement pris au dépourvu que je n'arrivais même pas à me composer le visage préoccupé mais tendre qui aurait pu lui donner le change. J'étais blessé et je me conduisais comme un salaud. Oui, elle m'avait tout sacrifié. Oui, à cause de moi elle n'était plus personne. Je le savais. Mais ce qui, là-bas, dans la solitude inhumaine du barrage, paraissait acceptable, était, ici, du mélo. Ses sentiments, je m'en foutais! J'attendais Manou, voilà!

– Je peux m'en aller, reprit-elle.

Tout ce qu'il ne fallait pas dire, elle le disait. Je

152

vidai mon verre, lentement. Les gens comme moi ne savent que gagner du temps.

– Si tu ne m'avais pas trouvé, dis-je, où serais-tu allée?

– Il ne manque pas de petits hôtels. Tu as tort de t'inquiéter, Pierre. Je n'avais pas pensé aux vacances. Mais il est bien évident que les gens qui me connaissent sont loin de Paris, en ce moment. Dans quelques semaines, ce sera différent. Mais tu auras réglé tes affaires.

Manou aurait déjà claqué la porte. Claire discutait, et mes objections s'écroulaient une à une, avant même d'avoir été formulées.

– Ici, continuait Claire, je suis à l'abri. Tu peux me faire passer pour une parente, si tu crains l'opinion de ta concierge. D'ailleurs, je ne sortirai que le moins possible, juste pour faire des courses. Tu verras; je ne t'encombrerai pas. Et nous mettrons nos projets au point sans nous presser. Tu veux?

– Je suis au bureau toute la journée.

– Tu as peur que je m'ennuie? Mais c'est plein de livres, chez toi.

– Et si on téléphone?

– Tu penses bien que je ne répondrai pas. Et si on sonne, je ne bougerai pas. Je ne suis pas folle... Je ne suis même pas jalouse.

– Pourquoi serais-tu jalouse?

Pour la première fois, Claire parut embarrassée.

– Je ne sais pas, dit-elle... Tu pourrais avoir... une ancienne amie... enfin quelqu'un qui te retienne... Non, je ne te demande rien, Pierre... Si c'était le cas, je te fais confiance... je sais que tu ne m'abandonnerais pas...

Elle était si vraie, soudain, et ses paroles son-

naient si juste, que j'eus honte de moi. Je m'agenouillai près d'elle.

– Claire... tu me soupçonnes?

Elle me caressa le front et les joues du bout des
doigts.

– Ces fleurs, dit-elle, ce champagne... c'était pour
qui?... Puisque tu ne m'attendais pas?

– Mais pour personne, je t'assure. Les fleurs, c'est
pour mettre un peu de vie dans cet appartement
qui sent le moisi. Et la bouteille, c'est pour avoir
quelque chose à offrir. J'en ai toujours deux ou trois
en réserve.

– C'est bien vrai?

– Naturellement.

– S'il y avait quelqu'un, Pierre... tu me le dirais?
Bien franchement? Je ne veux pas être un boulet
pour toi. Je me débrouillerais.

Ses yeux semblaient baigner dans un fluide très
doux. Elle attira ma tête sur ses genoux et je faillis
tout lui avouer. Mais quand je suis ému, je suis
incapable de parler. Les mots – c'est pourtant mon
métier de les manier – me paraissent tous faux,
excessifs, grossiers. Le temps de les trier et l'occasion est passée. Ce qui n'était que maladresse et
pudeur deviendrait habileté et mensonge. J'eus
peur.

– Je peux rester, Pierre?

– Oui, bien sûr.

– Merci.

Ce fut elle qui éteignit la lampe. Je me rappelle
qu'avant de m'endormir, je me promis de lui dire la
vérité. Peut-être les événements me viendraient-ils
en aide? Et puis enfin, j'étais libre. Je ne devais plus
rien à Manou. Mais le lendemain, quand je m'éveillai, quand je vis Claire près de moi, je me sentis

perdu. Si Manou venait... J'avais beau me creuser la tête, je n'apercevais aucune parade. Qui croirait à la bonne foi de Claire et à la mienne? De quoi ne serions-nous pas soupçonnés? Je me levai et Claire m'appela. Ce fut le début d'une journée abominable. Claire était gaie. Elle chantonnait en faisant le café, tandis que je cherchais désespérément le prétexte qui me permettrait de la renvoyer. Mais je lui avais dit moi-même, la veille, qu'elle pouvait rester. J'entendais claquer ses mules, tinter les tasses. J'essayais d'imaginer ce que serait notre vie, si j'avais la faiblesse de céder. Avec Claire, je serais toujours en ménage et le mot me faisait horreur. En tête-à-tête avec elle dans cette chambre où j'avais été si heureux avec Manou, je ne savais plus où porter mes yeux. Le café avait un goût de fiel. Claire sentait le dentifrice. J'étais mal dans ma peau. J'en venais à croire que ce que j'aimais, dans l'amour, c'était son côté furtif et clandestin. Manou m'avait peut-être drogué et corrompu. Peut-être ne pourrais-je plus jamais vivre comme tout le monde, supporter, près de moi, une femme, matin et soir, ses questions, son bavardage, ses accès de tendresse.

— Tu es soucieux? dit Claire.

— Mais non.

Si, justement, j'étais soucieux. Il n'aurait pas fallu me le faire remarquer. J'entendais rester libre de mes pensées, surtout de mes regards.

— Tu rentreras déjeuner?

Je faillis éclater. Moi qui, depuis mon retour, prenais mes repas n'importe où, selon l'humeur du moment! Déjeuner!

— Je n'aurai pas le temps. Je suis vraiment très occupé, je t'assure.

– Alors, je ne te verrai que ce soir?

J'allumai une cigarette pour éviter de répondre.

– Pierre, je ne t'ai pas fâché?

Je rassemblai d'un coup tous les griefs que j'avais contre moi. « Ne pas oublier : c'est moi qui l'ai mise dans ce pétrin. Je n'ai rien voulu, mais j'ai tout accepté. Elle est maintenant comme un chien sans maître. » Je me forçai à sourire et lui tapotai la main.

– Ne t'inquiète pas, mon petit.

Mais elle trouva le moyen, au moment où j'allais sortir, de me retenir pour brosser mon veston. Je dévalai l'escalier et ne repris mon calme que dans la rue. Là, du moins, j'étais chez moi. Alors, qu'est-ce que je décidais? Je ris tout seul, avec amertume, de cette réflexion saugrenue. Comme si j'étais habitué à décider! Depuis des mois, j'allais au petit bonheur. C'était Manou qui conduisait la partie et j'ignorais toujours quelle partie. Mais maintenant, qu'est-ce qui m'empêchait de reprendre l'initiative? Nous avions rompu – car enfin ma dernière lettre était une lettre de rupture – et nous étions donc des amis. Je ruminai un instant cette pensée bizarre. Pourtant, puisque je n'attendais plus rien de Manou, n'était-il pas vrai que je pouvais, désormais, lui demander non pas des explications mais des éclaircissements? Ce qu'elle m'avait refusé si longtemps parce qu'elle m'aimait, elle devait me l'accorder, maintenant que je n'étais plus son adversaire. J'avais très mal manœuvré. Mes lettres étaient idiotes. Pourquoi n'irais-je pas la voir, carrément? Chez elle. Et là, nous mettrions cartes sur table... Chez elle? Toute la matinée, je pesai le pour et le contre. Il m'était facile de m'introduire dans la villa, puisque j'avais toujours la clef de la petite porte. Mais je

156

n'étais pas du tout sûr de trouver Manou. Elle n'habitait certainement pas encore chez son amant. Sans doute passait-elle de temps en temps à la maison, pour aérer peut-être avant le retour de Jallu, pour tout remettre en ordre. Quand j'avais aperçu la lumière, au premier, l'autre soir, elle était là. Si je revenais à la même heure, j'avais une chance de la rencontrer. Seulement Claire me demanderait pourquoi je sortais si tard. Je me heurtais toujours à Claire!...

À midi, je croisai mon directeur dans le hall.

– Vous avez réfléchi? me demanda-t-il en riant.

– Si j'avais plus de détails, dis-je, qui sait?

– Oh! après tout, je n'ai rien à vous cacher. Je suis très lié avec... mais passons là-dessus. Il s'agit de faire une enquête au Viêt-nam... quelque chose de très complet, de très approfondi. Il faudra rester sur place assez longtemps, plusieurs mois... Les conditions sont plus qu'intéressantes... Je suis persuadé que vous réussiriez... A propos...

Il m'attira un peu à l'écart.

– Vous avez appris, pour Jallu?

– Non.

– Il a raté son coup. Ce sont les Américains qui ont enlevé l'affaire. J'ai su cela incidemment, tout à l'heure. Mais gardez ça pour vous, hein?

J'avoue que cette nouvelle ne m'affecta guère, jusqu'au moment où je compris brusquement ce qu'elle signifiait. Jallu allait revenir à Paris. Peut-être était-il déjà en route. Et Claire était chez moi. Cette fois, le risque devenait grave... J'aurais été bien en peine de dire pourquoi. Jallu n'avait pas la moindre raison de venir sonner à ma porte. S'il désirait me voir, il téléphonerait à mon bureau. Et d'ailleurs pourquoi téléphonerait-il? Mais je n'étais plus maître de mes nerfs. Je devais absolument persuader Claire de partir. Il le fallait. Je sentais que nous courions à la catastrophe.

A 5 heures, je pris le métro. Claire m'attendait bien sagement, en feuilletant des revues. Dès qu'elle me vit, elle devina mon inquiétude.

– Ton mari va rentrer, dis-je. C'est mon directeur qui vient de me l'apprendre.

– C'est tout?

– Comment! Mais tu es inconsciente, ma parole.

– On devait bien s'attendre à ce qu'il revienne un jour. Qu'est-ce que cela change? Je n'existe plus pour lui.

– Mais moi, j'existe. Qu'il cherche à me rencontrer, qu'il vienne ici... qu'il découvre...

– Qu'est-ce que tu souhaites, Pierre?... Dis-le une bonne fois... Que je m'en aille?

– Non... Ce n'est pas cela... que tu m'attendes ailleurs. Ce serait tout de même plus prudent, voyons.

– N'insiste pas.

Elle se leva. Je l'arrêtai.

– Où vas-tu?

– Eh bien, faire ma valise.

Je la forçai à se rasseoir.

– Non, Claire, non. Pas de scène, je t'en prie. Tâche de comprendre, une bonne fois. Je ne te mets pas dehors, bon sang. Je préfère seulement te savoir à l'hôtel jusqu'à... jusqu'à notre départ. Ici, tu peux être découverte à chaque instant, d'abord. Et puis, je ne suis pas libre de moi. Je peux être invité à droite, à gauche. Tiens, tout à l'heure, après dîner, je dois rencontrer un jeune écrivain qui revient d'Istanbul... Je ne peux pas refuser. Tout le monde sait que je suis célibataire et que mon temps m'appartient... Quelle excuse veux-tu que je trouve?... Si je cesse de sortir, ça paraîtra drôle. On supposera immédiatement que je vis avec une amie, ce que je veux éviter...

Claire me regardait de ses yeux francs, lumineux, où je n'avais jamais surpris la moindre trace d'ironie.

– Si je vais à l'hôtel...

Je l'interrompis.

– Mais si, j'irai te voir. Dès que je serai libre, je te téléphonerai. Comme je serai le seul à connaître ton adresse, tu pourras répondre sans crainte.

J'étais délivré d'un tel poids que je parlais avec une sincérité totale. Nous commençâmes à examiner sérieusement notre projet d'installation à l'étranger. Il n'y avait guère que l'Orient où je puisse obtenir un poste de professeur. La Turquie, l'Inde, peut-être le Japon... Et, lancé à fond, je m'inventais déjà des occupations variées. J'improvisais l'histoire d'un autre Brulin filant le parfait amour en quelque pays du matin calme, mais, de temps en temps, sournoisement, je regardais l'heure.

– Tu sais, dis-je, si nous voulons trouver de la place dans un hôtel, il ne faudrait peut-être pas trop tarder. Il y a beaucoup de touristes étrangers en ce moment.

Claire rassembla son petit bagage. Pendant qu'elle avait le dos tourné, je pris la clef de la villa de Neuilly.

– Pas trop loin, dit-elle. Il me semble que je vais te perdre si je m'éloigne trop.

Elle se serra contre moi, m'embrassa avec une sorte de désespoir.

– Pierre, chuchota-t-elle, tout ce que tu m'as dit tout à l'heure, tu le penses?

– Bien obligé de le penser. Je n'ai pas le choix.

J'empoignai ses valises. Elle jeta un dernier coup d'œil autour d'elle et me suivit. Je connaissais un hôtel très confortable, avenue du Maine. Claire y retint une chambre sous mon nom et nous nous séparâmes.

– Tu me téléphoneras? supplia-t-elle.

– Promis!

Ouf! J'étais libre. Il n'y avait pas trop de casse. A Manou, maintenant. Il était beaucoup trop tôt, mais je ferais une partie du trajet à pied, en flânant. Pas question de dîner. J'étais trop anxieux. Je serrais, dans ma poche, la clef de la petite porte. Jamais, évidemment, Manou ne me reviendrait! Pourtant, un petit espoir absurde m'étreignait le cœur. Quand nous serions face à face... Tout n'était peut-être pas joué... Plus j'approchais et plus la panique me ravageait. Je m'arrêtai dans un bar pour boire un whisky sec. La nuit n'en finissait pas de tomber. Il faisait doux. Encore une heure et tout serait fini. Je n'aurais plus qu'à partir avec Claire. Après?... Eh bien, après, la vie se ressemblerait tous les jours, jusqu'à la fin. Claire portait en elle le bonheur comme une maladie. Un bonheur de femme, mortellement paisible... Je supplierais Manou. Je serais lâche autant qu'il le faudrait. Ou bien dur, impitoyable. Je ne savais pas. Mais jamais je ne consentirais à la perdre.

Il était 10 heures quand je passai devant la maison. Je ne vis de lumière nulle part. La villa paraissait déserte, abandonnée. Je résolus d'attendre encore, et, lentement, je parcourus les rues d'alentour. Quand je revins, rien n'avait changé.

Aucune trace de vie. Si l'on m'apercevait, rôdant le long des grilles de toutes ces riches propriétés, ma présence pourrait sembler suspecte. Il valait mieux entrer et attendre à l'intérieur. J'introduisis la clef dans la serrure. La porte s'ouvrit. J'étais dans le jardin. Je reconnus l'étroite allée bordée de buis par laquelle je m'étais enfui, le fameux soir... le dernier. Je la suivis, en marchant avec précaution. J'entrai dans la cuisine, où je tâtonnai, dans le noir, redoutant de renverser quelque chose. Et si Jallu était là?... Cette pensée me paralysa et je retins mon souffle. Il était peut-être déjà revenu? En avion, c'était l'affaire d'un jour. Je pénétrais chez lui comme un cambrioleur. Perdu dans l'obscurité, les mains en avant, je songeais déjà à rebrousser chemin. Je n'avais pas peur; j'avais honte. J'étais en train de faire quelque chose de sale. Si la lumière s'allumait soudain, qu'est-ce que je dirais? J'écoutais de toutes mes forces, sentant peser sur moi la maison silencieuse. J'avançai un pied, l'autre... Jamais je ne m'étais trouvé dans une situation aussi scabreuse. D'hésitation en hésitation, je traversai la cuisine et m'aventurai dans le vestibule. J'essayai de m'orienter et, n'y réussissant pas, cherchai, du bout des doigts, un renfoncement qui m'indiquerait une porte. Même si Jallu était là, il dormait, au premier. Je ne risquais rien si j'allumais un instant. Je touchai un objet rond, une poignée que je tournai. Je poussai un battant qui, par chance, ne grinça pas. Il me fallut une interminable minute d'exploration pour découvrir le commutateur. Je le manœuvrai comme on appuie sur une gâchette. Un lustre brilla. J'étais au seuil du salon. Les housses avaient été retirées. J'avais donc raisonné juste. Manou était venue pour remettre la villa en état, avant le retour de Jallu. Elle l'attendait. Ils étaient d'accord...

La lumière découpait un long rectangle clair dans le vestibule. L'escalier, vaguement éclairé, se perdait dans la pénombre. Cette fois, je m'y retrouvais parfaitement. J'avais récupéré tout mon calme, sous l'effet d'une brusque colère. J'éteignis et, la main sur la rampe, je commençai l'ascension, avec une assurance grandissante car j'avais l'impression, de plus en plus forte, que je m'étais trompé, que Jallu n'était pas là. S'il était revenu, j'aurais dû apercevoir ses bagages en bas, déceler ce désordre qui révèle la présence d'un homme. Je distinguais confusément les portes des chambres; elles étaient fermées. Le silence était tel que la respiration d'un dormeur n'aurait pu m'échapper. Je m'enhardis tout à fait et entrebâillai la porte de la chambre de Jallu. Il n'y avait personne, mais, comme dans le salon, les housses avaient disparu. J'entrai chez Manou et je m'assis sur le lit. Je ne pouvais plus me porter. Manou! Tous mes griefs, tous mes ressentiments, toutes les mauvaises raisons de mon amour-propre blessé, tout était balayé. Il n'y avait plus que cette absence affreuse, plus réelle que ma propre vie. Le bouddha que je lui avais donné était toujours à la même place. Je le pris. Je le palpai. J'étais reconnaissant à Manou de ne pas me l'avoir renvoyé. Elle tenait donc à conserver quelque chose de moi? Est-ce qu'elle avait gardé mes lettres? Je me levai et ouvris la boîte à musique. Elle était vide, mais elle me joua *la Truite* et ces notes appliquées, grimaçantes, étaient si lugubres que je rabattis violemment le couvercle. Je savais bien que je contemplais le musée de mon amour mort. Je fis le tour de la pièce, et m'arrêtai devant la cheminée. Près de la photographie des parents de Claire, il y avait une soucoupe, et dans cette soucoupe, je sentis sous mes doigts des miettes... des miettes de gâteau. Manou avait mangé là, peut-être un croissant... tout récemment. Je l'imaginais sans peine, prenant possession de cette maison qui allait devenir définitivement la sienne, époussetant les meubles, préparant tout pour l'homme qu'elle voulait épouser. Elle choisissait la chambre, dont elle avait depuis toujours l'intention de prendre possession, pour y venir manger un croissant. Et peut-être, alors, pensait-elle à moi? Jallu, j'étais bien certain qu'elle ne l'aimait pas. Mais, comme beaucoup de femmes, elle préférait au bonheur la sécurité. C'est pourquoi, impitoyablement, elle m'avait... Mes yeux tombèrent sur le manuscrit. Je le reconnus immédiatement. Il était posé à l'autre extrémité de la cheminée et le papier qui l'avait entouré était plié sur le secrétaire. Sans hésiter, j'allumai la lampe de chevet. Je le feuilletai. Je retrouvais nos corrections, enchevêtrées, la longue écriture de Manou alternant avec la mienne, fine et très dessinée. Et ces deux écritures se poursuivaient, de page en page, se rejoignaient, se séparaient, pour s'accoupler plus loin et, de nouveau, se chercher autour de certaines phrases; elles racontaient si naïvement notre liaison que je n'y tins plus. Je m'installai devant le secrétaire et, sur une page de mon agenda, au crayon, comme j'aurais jeté des notes pour un livre, je lui dis :

*Manou chérie, pardonne-moi. Oublie ma dernière lettre. Je suis dans ta chambre. Je me suis servi, pour entrer dans la maison, des deux clefs que tu m'as données – tu t'en souviens – juste avant mon départ pour Kaboul. Tu dois comprendre ce que j'éprouve en ce moment. Jamais je ne t'ai autant aimée. C'est pourquoi je préfère te l'avouer : la femme de Jallu n'est pas morte. Peu importe comment je le sais. Mais je veux te prévenir avant qu'il ne soit trop tard. Jallu est sur le point de rentrer. Evite-le. Tu dois me rencontrer avant, dans ton intérêt. Sinon, tu risques d'être prise, tôt ou tard, dans un scandale dont tu ne peux mesurer la gravité. Je t'expliquerai tout. Manou, je ne pense pas à moi. Je veux te sauver. Voilà ce que je te propose : tu connais la date d'arrivée de Jallu. S'il arrive demain, préviens-moi et nous prendrons rendez-vous. Si tu ne téléphones pas, cela signifiera que nous disposons encore d'un court délai et je viendrai ici, le soir, car cette maison est l'endroit idéal pour nous rencontrer sans témoin et ce que j'ai à te raconter sera long. Demain sans faute. C'est capital pour toi, et peut-être aussi pour moi. Je t'aime, Manou chérie, mais je suis aussi ton ami.*

PIERRE.

Je disposai le manuscrit bien en vue et posai ma lettre dessus. Manou ne pouvait pas ne pas la remarquer. Cette fois, nous aurions l'explication décisive. J'éteignis et repartis par le jardin. Personne dans la rue. Je refermai la porte à clef. Je n'éprouvais plus qu'une grande paix. Bien sûr, mon plan était hasardeux. Manou pouvait ne pas revenir le lendemain à la villa. Mais, selon toute vraisemblance, elle y repasserait avant l'arrivée de Jallu. Et comme celle-ci était imminente... Oui, ça devait marcher. D'ailleurs, je renouvellerais mon appel jusqu'à ce qu'elle me donne signe de vie.

Je revins chez moi, presque à bout de force. Le souvenir de Claire m'y attendait. La pensée pleine de Manou, je n'avais pas songé une seconde à la terrible difficulté que je venais de soulever. Si je disais la vérité à Manou, qu'allait-il advenir de Claire? Est-ce que Manou, emportée et vindicative comme je la connaissais, ne se retournerait pas aussitôt contre Jallu? Et Jallu, furieux, me rendrait responsable de tout. Mais si Manou, en même temps, se rejetait vers moi, que ferait Claire? Pour reprendre Manou, n'étais-je pas en train de préparer l'explosion d'une machine infernale qui nous détruirait tous? J'errai dans mes ténèbres pendant des heures. Il n'y avait pas de solution. De toute façon, j'étais perdant...

Je m'assommai avec un somnifère. Ce fut le téléphone qui me réveilla et le cauchemar recommença.

— Allô! Pierre... As-tu bien dormi?... Moi j'ai passé une excellente nuit. Tu as très bien choisi l'hôtel... Comment vas-tu?... Est-ce que tu m'entends?

— Oui, oui. Je t'entends.

— Est-ce que tu viendras me voir, aujourd'hui?

Je soupirai.

— Si je peux, oui... Mais n'y compte pas trop. J'ai des tas de rendez-vous.

La voix de Claire se fit plus sourde.

— Tu m'as promis, Pierre.

Je raccrochai. A Manou aussi, j'avais promis.

Je passai la journée du lendemain dans la fièvre et l'abattement. Il n'y avait presque rien à faire au bureau. La chaleur écrasait la ville et j'étais hanté par le souvenir du barrage. Je ne pensais qu'à Jallu. Je redoutais de me retrouver en sa présence. Là-bas, engourdi par ma chute, j'avais réussi à simuler. Ici, j'en étais sûr, j'aurais l'air d'un coupable si, par hasard, il m'interrogeait. Mais il devait être trop heureux d'être débarrassé de sa femme. Jamais il ne me relancerait. D'ailleurs, à la façon dont il avait, pour ainsi dire, organisé le silence autour de l'accident, il était facile de conclure qu'il m'avait effacé de sa vie. Ce qui demeurait curieux, c'était que Claire ignorât l'existence de Manou. Au fond, nous avions pris d'énormes risques pour rien. Claire, prévenue, aurait tout bonnement demandé le divorce. Je n'arrivais plus à comprendre pourquoi je m'étais tu. Sans doute parce que j'aimais en Manou la femme malheureuse, déçue, qui avait besoin de moi. Admettre qu'elle était une aventurière, c'était reconnaître qu'elle avait abusé de ma confiance, qu'elle s'était moquée de moi. Aussi attendais-je avec curiosité ses explications.

Le téléphone resta muet toute la journée. Tant mieux. J'allais donc la voir. J'imaginais la scène. Je me la jouais de mille manières... je lui faisais des reproches... ou bien elle se jetait dans mes bras... et rien de tout cela ne me paraissait ridicule. Bien au contraire, j'étouffais d'émotion, tout seul, dans mon fauteuil, les pieds sur la table, une cigarette me brûlant les doigts. Je rentrai chez moi assez tôt dans l'après-midi. Pas de message. Parfait. Je m'habillai soigneusement. J'avais dépassé le moment où l'on prépare ses phrases. J'étais vide d'arguments. Je n'avais plus qu'un désir : la reprendre. Même si elle était l'aventurière que j'avais démasquée. Plus tard, j'aurais bien le temps de me replonger dans mes ruminations stériles. Plus tard, la vie... J'avais encore près de cinq heures à tuer. Je partis quand même et je me promenai au hasard dans un Paris semblable à une sous-préfecture. Mais à quoi bon faire un sort à ces heures perdues, abominables et merveilleuses. A mesure que le jour s'en allait, je me rapprochais de Neuilly. J'échouai dans un café où j'attendis la nuit. Quand les lampadaires, d'un seul coup, s'allumèrent jusqu'au fond des avenues, à petits pas, je me dirigeai vers Manou.

La lumière brillait dans sa chambre, un mince fil doré qui cernait les volets. Elle était là. Elle acceptait l'entrevue. Je faillis courir. Je tremblais tellement que je ne parvenais plus à ouvrir la porte du jardin. Je m'arrêtai dans la petite allée. Attention, si j'avais l'air heureux, j'étais battu. Je ne devais pas oublier que je venais demander des comptes. J'entrai dans la cuisine et pressai le bouton. Le vestibule était éclairé. Je m'avançai jusqu'au pied de l'escalier.

– Manou!

Elle ne m'avait pas entendu.

– Manou... C'est moi.

Bon. Elle refusait de faire le premier pas. Je montai l'escalier. La porte de sa chambre était entrouverte. Je franchis les derniers mètres, une

main au flanc. J'arrivais de si loin! Mais la séparation était finie. Je poussai la porte.

– Manou.

Il y avait un corps, par terre... étendu de tout son
long devant le secrétaire. Jallu. Autour de lui, une
flaque de sang, épaisse.

Je me retournai. Mais non, la respiration qui
faisait tant de bruit, c'était la mienne. Manou n'était
plus là. Elle s'était enfuie, après avoir tiré, tué son
amant. La sueur m'aveuglait. Je m'essuyai la figure
et m'obligeai à regarder encore. Jallu était tombé
sur le ventre, un bras replié, l'autre étendu. Je
voyais son visage de profil, déjà tout gris. Une
feuille de papier avait volé sur la moquette... Ma
lettre. J'aurais voulu franchir le seuil, mais je sentais
que si je lâchais la poignée de la porte, je m'effon-
drerais près du mort. Le plus torturant, c'était le
silence, et ces lampes allumées derrière moi. J'étais
seul et pourtant surveillé. Je n'osais plus bouger,
mais peu à peu, ma pensée se mit à courir. Jallu
était arrivé avant Manou. Il avait lu ma lettre, avait
appris d'un seul coup que Claire était vivante et que
sa maîtresse l'avait trompé. Ensuite?... Eh bien, il y
avait eu, certainement, une scène affreuse. Je connaissais la violence de Jallu. Avait-il menacé
Manou? Manou avait-elle tiré la première?... Je
n'apercevais pas d'arme à côté du corps. Manou
l'avait emportée... Et si?... Cette hypothèse me terri-
fia... Et si Manou était venue pour me tuer, moi, le
seul témoin dont la parole pouvait renverser tous
ses calculs?... Non, c'était absurde et odieux. Et
d'abord, elle n'aurait pas laissé la lettre derrière
elle... Mais elle avait peut-être l'intention de revenir?...

La peur me saisit à cette minute et me tordit le

ventre. Je lâchai la poignée que je tenais toujours et ramassai ma lettre. Puis, d'un trait, je redescendis, laissant la lumière allumée et les portes ouvertes. Je ne voulais plus rien savoir. Jallu... Manou... Non, ce cauchemar avait assez duré. J'abandonnais la partie... Je me retrouvai dans la rue, étonné de marcher sur un vrai trottoir, à l'ombre de vrais arbres. Ce fut comme une révélation. Le monde vrai existait encore. Il m'accueillait. Depuis des mois, j'étais perdu dans une sorte de fumée, poursuivi par une femme qu'on croyait morte, poursuivant une femme insaisissable, et maintenant, ce cadavre... Je déchirai la lettre en morceaux innombrables et en semai les fragments derrière moi, de rue en rue. Manou se retirait de moi, et Claire... et Jallu! Le dernier fil était rompu. Je pouvais partir, regagner le monde des vivants. Je sus alors que j'avais depuis longtemps choisi d'aller au Viêt-nam.

Je fis ma demande le lendemain. Je n'avais plus qu'à m'en remettre aux événements. D'eux-mêmes, ils prirent leur pente. On s'occupa de moi, de mes papiers. En deux jours, tout fut réglé. Je laissai aller les choses, évitant soigneusement de penser, de revenir à mes ombres. De temps en temps, malgré moi, j'étais encore visité par des doutes, des scrupules. Claire! Avais-je le droit de... Je repoussais fermement ces tentations. Si j'avais le malheur d'y céder, j'étais perdu. J'avais donné des consignes à ma secrétaire. Si l'on m'appelait, il fallait répondre que j'étais parti pour un long voyage. Même recommandation à ma concierge. Ainsi bouchées les brèches par où les fantômes auraient pu se glisser de nouveau dans ma vie, j'étais prêt à m'en aller et, déjà, je perdais patience. De toutes mes forces, je souhaitais d'être loin, le plus loin possible. Je vécus les derniers moments dans une angoisse intolérable.

Et puis la bombe éclata. D'un coup, Jallu eut droit aux manchettes. *Crime ou suicide? René Jallu, le célèbre technicien des barrages, trouvé mort à son domicile.* C'étaient des voisins qui, intrigués par cette lumière brillant nuit et jour dans la villa, avaient finalement prévenu la police. On avait découvert, sous un fauteuil, un pistolet automatique. La crosse, guillochée, n'avait conservé aucune empreinte. On ignorait si Jallu avait été assassiné ou bien s'il s'était tué d'une balle dans le cœur.

L'hypothèse du suicide ne m'avait même pas effleuré. Elle me bouleversa. Peut-être mon interprétation était-elle fausse d'un bout à l'autre. Dans ce cas, Manou... Mais il était trop tard, même pour réfléchir. Je n'étais pour rien, moi, dans ce qui arrivait. C'était Manou qui avait tout machiné, tout déclenché. C'était elle qu'il fallait arrêter. De telles pensées me révélaient un Brulin inconnu, instable, bizarre, plein de recoins inexplorés et je trouvais là une raison supplémentaire et péremptoire de m'en aller. Vite! Vite!

J'achetai les dernières éditions à Orly avant de grimper dans le Boeing, mais je n'osai les déplier qu'en plein ciel. Elles ne m'apprirent pas grand-chose. La version du suicide gagnait du terrain. Jallu avait été très affecté, selon son secrétaire, par son échec en Afghanistan, survenant peu après la disparition de sa femme. Veuf et à moitié ruiné, complètement découragé, il aurait préféré en finir. Claire, évidemment, n'avait pas donné signe de vie. Elle était probablement toujours cachée à l'hôtel de l'avenue du Maine. La vraie victime, c'était elle, puisqu'elle ne pouvait plus se manifester. Si elle était découverte, elle serait soupçonnée aussitôt. La police n'acceptait la thèse du suicide que parce qu'elle manquait absolument d'éléments... Je recommençais à ratiociner. J'avais cru me délivrer en quittant Paris. Je me rendais compte, maintenant, que la convalescence serait longue, très longue. Tant qu'il me resterait des questions à ressasser, je serais malade. Et des questions, je m'en poserais toujours. Comment pourrais-je cesser de penser à Claire, abandonnée, solitaire, sans véritable état civil, n'ayant même pas le droit d'hériter de son mari, vivant d'une existence qui... Ah! c'était horrible. Je n'avais pas songé à cela : Claire, légalement morte, non seulement ne pouvait pas hériter de Jallu mais encore ne pouvait même pas jouir de sa propre fortune. Disparue avant Jallu, tout ce qu'elle possédait appartenait normalement à son mari. Elle avait tout perdu, dans l'aventure... Voyons! Il y avait là quelque chose qui ne tenait pas debout. Elle avait bien dû prévoir les suites légales de sa disparition! Comme un idiot, j'avais évité de la questionner sur ce point, mais maintenant, ce problème prenait une importance capitale. Comment faire? Je ne voulais à aucun prix renouer avec elle. Et d'ailleurs, j'ignorais le nom d'emprunt qu'elle avait choisi... Je ne pouvais même plus lui écrire ou lui envoyer de l'argent. Subitement, nous étions l'un pour l'autre beaucoup plus que deux étrangers, deux inconnus... Nous appartenions à deux mondes différents. Ma brutale décision de partir avait rendu insolubles des difficultés que le temps se serait sans doute chargé d'aplanir.

Ainsi, je m'étais juré de tout oublié et je n'avais rien de plus pressé que de chercher toutes les raisons de me faire mal. Heureusement, l'avion allait plus vite que les nouvelles de France. A Saigon, tout de suite, je fus happé par mille soucis et, pendant plusieurs jours, je n'eus pas le loisir de penser à moi. Ce fut un soir, à l'hôtel, que le journal me tomba sous les yeux, un journal déjà vieux, tout froissé, que j'emportai dans ma chambre pour lire et relire l'entrefilet, car l'affaire Jallu n'était plus qu'un fait divers déjà relégué aux oubliettes. J'appris que la sœur de Jallu, madame veuve Cléry, avait été entendue par la police et que le suicide de Jallu ne faisait plus aucun doute. Le journal ne disait rien de plus à ses lecteurs, mais, à moi, il révélait tout. La lumière, d'un coup, jaillit en mon esprit. Madame veuve Cléry! La sœur! Manou!... Comment avais-je été assez aveugle, assez bête, pour ne pas tout comprendre plus tôt? Manou n'était pas, n'avait jamais été la maîtresse, mais la sœur. Elle avait toujours eu ses entrées à Neuilly. Elle y était à la fois chez elle et invitée, ce qui expliquait son attitude, cette aisance mêlée d'embarras qui m'avait tellement donné à penser. Et c'était elle, en définitive, qui héritait de tout le monde. Etait-ce là le but caché de ses manœuvres? Bien des points demeuraient obscurs, mais j'avais l'impression de tenir la vérité. Après avoir si violemment souhaité d'oublier, voilà que je maudissais le travail qui m'accaparait. Si j'avais eu deux ou trois jours de complète détente, il me semble que j'aurais sans peine dénoué tous les fils. Mais j'étais toujours sur les chemins, surveillé par tous, interrogeant et interrogé, jouant un jeu terriblement compliqué entre Vietnamiens, Français, Américains et, la plupart du temps, abruti de fatigue. Oui, la sœur de Jallu... bien sûr, mais tout cela, c'était de l'histoire ancienne. Cependant, tout à l'arrière-plan de mes

172

soucis, les questions continuaient à se poser d'elles-mêmes. Elles surgissaient au moment où je m'y attendais le moins. J'étais au bar de l'hôtel, je bavardais en buvant un scotch et je me disais soudain : « Manou ne pouvait pas deviner que sa belle-sœur tomberait amoureuse de moi... » L'objection restait sans réponse. Ou bien : « Manou ne pouvait absolument pas prendre l'avion avec nous. J'aurais appris tout de suite qu'elle était la sœur. Voilà pourquoi elle a essayé de me détourner de mon projet. Au fond, du jour où j'ai décidé d'accompagner Jallu au barrage, elle était perdue. Mais pourquoi m'avoir fait croire qu'elle était sa femme ? » Pas de réponse. C'était pourtant une certitude qui gagnait, peu à peu, en profondeur et, détruisant lentement ma jalousie, engourdissait tout doucement mon amour. La sœur! Ce mot avait je ne sais quoi d'anodin qui rendait Manou inoffensive et sans attrait. Naturellement, elle détestait Claire et Claire le lui rendait bien. Je me rappelais comment Claire, au barrage, m'avait parlé d'elle, avec quel détachement dédaigneux. Je me rappelais aussi la frayeur subite de Manou, le dernier soir, quand la sonnette avait retenti... Une sœur vaguement amoureuse de son frère ? Pourquoi pas ?... Se faisant passer pour sa femme ? Pourquoi pas ?... Un tel soupçon éclairait crûment certains passages du manuscrit de Manou; expliquait aussi son attitude ambiguë à mon égard. Elle avait joué à trahir son frère, en quelque sorte. Je n'avais été pour elle qu'un prétexte. Pauvre Manou!... Elle redevenait une femme comme les autres. Voilà que je prenais sa mesure. Et maintenant, je regrettais Claire...

J'avais bien peu de temps à consacrer au remords, mais enfin, j'étais obligé d'assister à des soirées, de danser, de flirter, pour faire comme tout le monde. J'approchais de jolies femmes. Aucune n'avait la franchise, la générosité de Claire. La plupart ne cherchaient qu'une brève aventure, par ennui, n'attendaient de moi que les mots qui pouvaient leur donner de l'importance. Elles n'étaient que des proies cruelles. Manou aussi... Et je n'avais pas voulu faire attention à Claire. Ah! si un jour, le hasard me remettait en présence de Manou, je lui dirais mon mépris. A cause d'elle, j'avais perdu Claire. Manou... Claire... Cela tournait à la mauvaise romance. J'en venais à cultiver des sentiments imaginaires. Je ne m'apercevais pas que je guérissais, justement. Mon travail m'absorbait de plus en plus. J'en tirais une joie profonde. La vie remontait en moi. J'étais de nouveau attentif à l'instant et les articles que j'écrivais se composaient tout seuls. J'avais retrouvé le sens, la gourmandise des mots. Il m'arriva de rester plusieurs jours de suite sans penser à Manou ni à Claire. Je ne saurais jamais la vérité! Tant pis!... Cependant, je continuais à acheter les journaux de France, par une espèce de superstition, et je n'ouvrais jamais les feuilles qui me parvenaient de là-bas sans un rapide battement de cœur. Mais ni les journaux ni les rares lettres que je recevais ne parlaient de Manou. Encore moins de Claire. On me demanda d'entreprendre une enquête au Japon. J'acceptai sans hésiter. C'était la France qui devenait mon bout du monde. Je demeurai huit mois au Japon. Ensuite, je passai quelque temps à Calcutta. J'allai visiter Bombay. Je remettais mes pas dans les pas de Claire, pour voir... Je n'éprouvais plus que la mélancolie distinguée d'un touriste. Je pouvais, désormais, sans crainte revenir en France.

174

Quelque temps plus tard, j'étais à Paris. Je repris vite mes habitudes d'autrefois et, si je n'avais été obligé de rentrer chez moi, chaque soir, j'aurais oublié le passé. Malheureusement, il était embusqué partout dans mon appartement. Je souffrais encore un peu dans mes souvenirs. C'est pourquoi je mis l'appartement en vente. Et, un jour, l'ancien secrétaire de Jallu vint sonner à ma porte. Il courait les agences en quête d'un logement. Il m'expliqua ses difficultés, longuement. Je l'écoutais avec ennui. En quelques secondes, il venait de détruire ma tranquillité. J'avais, de nouveau, envie de savoir. Je n'en laissais rien paraître, pensant qu'il me dirait de lui-même quelque chose d'intéressant sur Jallu. Mais il avait complètement oublié Jallu. Il était tout entier à son problème d'appartement. Il était prêt à accepter mes conditions, demandant néanmoins un petit délai de réflexion. Je le raccompagnai et lui dis négligemment :

– J'ai appris tout à fait par hasard la mort de Jallu. J'étais à Saigon quand c'est arrivé. Il s'est donc suicidé ?

– Une histoire lamentable. Ça devait finir comme ça, notez bien. Jallu était une sorte de joueur. Et comme il avait tout risqué sur cette affaire d'Afghanistan... dame !...

– La mort de sa femme avait dû lui porter un coup ?

– Oui. Mais il a fallu autre chose.

– Il était ruiné ?

– Oui et non. Oui, moralement : le barrage était sa dernière chance. Mais non financièrement. Il a certainement laissé une grosse fortune.

– Ah! A qui?

– A sa sœur. Il n'avait pas d'autre héritier.

– Elle vivait dans le Midi, il me semble.

– Oui. Mais elle est maintenant à Paris... Elle va se marier.

– Quand?

– Ma foi, je crois que c'est la semaine prochaine. D'ailleurs...

Il se fouilla, consulta un agenda et reprit :

– Mercredi prochain, à 11 heures, à Saint-Pierre-de-Chaillot. Elle fait un beau mariage. Il faut dire qu'elle est devenue un beau parti.

– Qui épouse-t-elle?

– Un monsieur de Saint-Côme, ou Cosne, je ne me rappelle plus bien. Je sais qu'il appartient à la Carrière. C'est un diplomate d'avenir, paraît-il.

Il s'en alla, tout heureux d'avoir trouvé l'appartement de ses rêves. Il me laissait désespéré.


La messe était commencée depuis longtemps quand je me glissai dans l'église envahie par une foule élégante. J'avais résisté longtemps à la tentation. Manou avait obtenu ce qu'elle avait toujours désiré, la fortune et une brillante position sociale. Quoi de mieux? Je manquerais de dignité si j'assistais à son triomphe! Qu'avais-je besoin de me faire du mal encore une fois? Et si elle m'apercevait, parmi les invités, quel ne serait pas son mépris pour moi! Je me fis ces réflexions et beaucoup d'autres. Et pourtant, à 11 h 30, je poussai la porte matelassée de l'église et cherchai une chaise au bord de l'allée. J'apercevais le couple, agenouillé là-bas, au pied de l'autel. J'étais arrivé au moment de l'échange des anneaux. Le soleil, tombant par un vitrail multicolore, habillait les deux époux de reflets mouvants. Ils étaient vêtus de noir, ce qui donnait à la cérémonie un caractère étrange. On m'indiqua une chaise encore libre, au milieu d'une rangée. Je m'assis et cessai de les voir. J'écoutais la musique; je rêvais. Je m'imaginais près de Manou. En ce moment, elle devait penser à moi, comme je pensais à elle. Il y avait, entre nous, des liens que nous n'étions pas libres de rompre, en dépit des lois. Quand l'assistance se levait, je distinguais sa silhouette, à contre-jour, près de l'homme qu'elle m'avait préféré; les orgues m'emplissaient la tête d'un affreux vacarme. Qu'est-ce que je faisais là? J'attendais le moment de lui serrer la main, de lui présenter, avec une politesse glacée, mes vœux de bonheur. C'était bête; c'était odieux. Mais j'étais bien décidé. Je ne pouvais me résoudre à être congédié comme, comme... Je ne trouvais pas le mot mais il me fallait une revanche.

Il y eut un brouhaha de chaises remuées, un tumulte de musique. Les gens se dirigeaient vers la sacristie pour féliciter les nouveaux époux. J'hésitai. Qui de nous deux blesserait l'autre jusqu'au cœur? Mais la surprise jouerait forcément à mon avantage. Et puis, je passerais très vite, d'un air indifférent... Je remontai l'allée et entrai dans la sacristie qui était pleine d'amis. Le marié, séparé de Manou par un groupe d'invités, avait belle allure. J'obliquai vers Manou qui me tournait le dos. La bousculade était indécente. Un instant rejeté en arrière, je me faufilai, appelai à mi-voix:

– Manou!

Elle se retourna.

C'était Claire.

Rien n'a changé. Simplement, j'ai poussé le guéridon devant la fenêtre, pour voir le jardin. La tombe est là, un peu à droite. J'ai planté des dahlias tout autour. Je m'arrangerai pour qu'elle soit toujours fleurie, même l'hiver. C'est, en apparence, un parterre bien soigné. Personne ne soupçonne – et personne ne doit soupçonner – la vérité. La maison est à moi. Je l'ai achetée dès que j'ai su... C'est là que j'ai commencé à écrire cette histoire. Il me semble que Manou la lit par-dessus mon épaule. Près de moi, il y a le coffret, maintenant plein de cigarettes. Quand je suis fatigué, je fume un instant; j'écoute *la Truite*; ou bien je caresse notre petit bouddha, que tu aimais tellement, Manou. Tu vois, nous avons fini par nous rejoindre, après tant de malentendus dramatiques. Je pense que nous ne nous quitterons plus jamais. Nul ne doit profaner le mystère de cette maison. Et je dois vivre pour toi, comme tu es morte pour moi.

Ah! Manou! Dire que je n'aurais rien compris si Claire n'avait pas parlé. J'avais imaginé tant de choses! Et notamment que tu étais la maîtresse de Jallu, ou bien sa sœur. Seules, les apparences ont menti. Depuis le début. Parce que tu n'as jamais osé me confier à quel point tu étais malheureuse avec ton mari. Tu as manqué de simplicité. Tu aurais dû me dire : « C'est un fou. Il est tellement obsédé par ses barrages qu'il est prêt à tout, même aux pires malhonnêtetés. » Alors, nous aurions pu, sans doute, nous y prendre autrement. Tu ne l'aurais pas affronté seule, la veille du départ. Il n'y aurait pas eu cette scène affreuse. Pourquoi, Manou, pourquoi l'avoir poussé à bout, en lui montrant ce qu'il était, en lui révélant que tu comptais bien te passer de lui, désormais, et refaire ta vie à ta guise? Claire m'a tout raconté, ou, du moins, celle que je continue d'appeler ainsi, puisque la vraie Claire Jallu, c'est toi. Mais, pour moi, tu n'as jamais cessé d'être Manou. Tu étais ma femme. L'autre, celle qui m'apparut à l'aérodrome de Kaboul, et qui avait usurpé ton nom, j'ai conservé l'habitude de l'appeler Claire. J'ai beau m'appliquer : il y a Claire Jallu et il y a Manou, et même, encore, j'ai beaucoup de difficulté, quand je pense au barrage, à me rappeler que c'était la sœur de Jallu qui te remplaçait. A partir d'un certain moment, tu t'es en quelque sorte dédoublée pour moi. C'est pourquoi je t'ai trahie. Pardon, Manou. Mais tu ne peux pas m'en vouloir si je continue à l'appeler Claire... Oui, elle m'a tout raconté. Sans doute n'as-tu jamais su à quel point elle admirait son frère? Vous ne vous compreniez pas bien, toutes les deux. Tu te méfiais d'elle. Tu étais terriblement secrète, Manou, rappelle-toi, j'en ai souffert. Mais Claire aussi a souffert de ta froideur. Tu aurais trouvé en elle une alliée, si tu avais... J'ai tort de ressasser le passé, mais comment ne pas voir que tout aurait pu être évité, peut-être. Tu as préféré te taire, ne te confier à personne. Au dernier moment, parce que tu m'aimais, tu as refusé de partir pour l'Afghanistan. Il t'a giflée. Tu l'as repoussé. Il t'a saisie au cou... Cela s'est passé dans cette pièce. Je ne cesse de revoir la scène. Manou, tu sens comme je suis avec toi...

J'ai bien du mal à reprendre la plume quand je revis ces moments. Ils me font mourir à mon tour. Ce qui m'aide à poursuivre, c'est la conviction – qui peut paraître bizarre ou déplacée – que nous avons tous été de bonne foi. Même Jallu, avec son égoïsme et sa violence. Jamais il n'a voulu te tuer, le malheureux! Il était prêt à se dénoncer quand Claire est arrivée. Il avait la tête perdue. C'est Claire, pour sauver son frère coûte que coûte, qui a eu l'idée... Une idée folle! Mais c'était ça ou la cour d'assises. Avant tout, gagner du temps. Donc, Jallu partirait le lendemain. Seul. Il expliquerait que sa femme était retenue à Paris par la maladie d'une vieille tante. Et puis, quelque temps plus tard, Claire rejoindrait son frère au barrage et se ferait passer pour Mme Jallu. Ainsi, à Paris, personne ne s'étonnerait de ton absence... C'était étonnant d'astuce et d'audace. En un clin d'œil, Claire avait paré à toutes les difficultés. Une fois Jallu installé, sa sœur se rendrait à Kaboul en voyageant sous son vrai nom, ce qui ne soulevait aucun problème et, là-bas, ils organiseraient un accident qui coûterait, en apparence, la vie à la fausse Mme Jallu. Ainsi, Manou, tout le monde te croirait morte au barrage et personne ne soupçonnerait la vérité. Claire reparaîtrait sous sa véritable identité et Jallu, veuf et honoré, continuerait son œuvre. Malheureusement, au barrage, il y avait Blèche, qui te connaissait, Manou. Jallu allait s'arranger pour l'éloigner définitivement. Quant à ce Brulin, le secrétaire de Jallu, sa présence, finalement, arrangeait tout. Il serait le témoin rêvé.

Voilà le plan que Claire imagina, dans les instants qui suivirent le drame. Il fallait faire vite. Et d'abord se débarrasser de... Ces détails, Manou, j'ai refusé de les entendre, et Claire ne me les aurait sans doute pas donnés. Jallu lui a obéi pour cela comme pour le reste...

Ce reste aussi, elle me l'a raconté. Son arrivée à Kaboul, notre rencontre. Elle avait quitté, en même temps que son frère, la propriété de Neuilly. Elle ignorait que des lettres, Manou, toutes ces lettres que je t'écrivais depuis des semaines, étaient là, dans ce coffret. Pour elle, Brulin n'était qu'un garçon quelconque dont il conviendrait de se servir, à l'occasion. Mais, tout de suite, ce garçon cessa d'être quelconque, parce qu'il la regardait avec une sorte de curiosité passionnée. Elle m'a aimé à cause de ce malentendu. Tu vois, Manou, pourquoi je t'ai trompée, malgré moi? Si Claire était bien la femme de Jallu, tu m'avais menti. Or, elle était évidemment la femme de Jallu. Tout me le prouvait. Leurs conversations, leurs allusions, leur comportement quotidien, fait de réserve et d'intimité à la fois. Même les détails les plus anodins « collaient ». Comment aurais-je su, par exemple, que le papier à lettres de Claire, ce papier bleu si particulier, était le même que le tien, simplement parce que Jallu vous en avait offert, un jour, deux boîtes identiques? Tout était normal et naturel et, pour moi, tout était ambigu. Fatalement! Claire, qui avait partagé votre vie, jouait son rôle à la perfection, sans se forcer. La photo des parents, le bracelet, précautions en vue de « l'accident », au cas où il serait nécessaire de laisser bien en vue des objets faciles à identifier. Mais ces objets-là, justement, nourrissaient mon cauchemar... Manou, je veux que tu saches par quelles épreuves j'ai dû passer!... J'ai cédé à l'amour de Claire pour me raccrocher à quelque chose de vrai, de vivant. Je me sentais mourir. Et cet amour, par un suprême paradoxe, mimait l'adultère à la perfection. J'ignorais que Jallu désapprouvait de toutes ses forces la liaison de sa sœur. Je voyais seulement sa mauvaise humeur; quelquefois, il me regardait avec animosité. Je surprenais de sourdes querelles qui cessaient devant moi. A toutes mes observations, Claire répondait : « Fais-moi confiance. Ne t'occupe pas de cela. » Bien sûr, Jallu n'avait pas le droit de lui faire le moindre reproche. Elle était libre, après l'avoir sauvé, de m'aimer. En outre, cet amour – imprévu – servait leur plan, puisque, déjà, Claire arrangeait notre existence future et commençait de me parler de notre installation à l'étranger, loin de Paris. Dès que Claire aurait changé de nom et s'appellerait Mme Brulin, Jallu serait totalement à l'abri. Certes, il le comprenait, mais il m'en voulait terriblement d'avoir séduit sa sœur. Cela, je le sentais confusément et j'en éprouvais une gêne continuelle dont les véritables causes m'échappaient.

Ce projet de l'accident, aussi, me semblait bizarre, dangereux. Comment espérer que Jallu serait dupe ? J'imaginais également toutes les difficultés que Claire aurait à surmonter pour quitter le pays. Alors qu'il lui suffisait de montrer son passeport pour circuler partout librement. Ce n'est qu'à moi qu'elle ne pouvait pas le montrer, ce n'est que pour me tromper, moi, qu'elle aurait besoin de faux papiers. Ah! Elle avait raison de me répéter : « Fais-moi confiance. » Je lui en ai voulu, depuis. Et même je lui en veux encore un peu, par un stupide amour-propre. Mais elle n'avait plus le choix. Elle était tenue, elle aussi, par le passé. Et puis, si j'éprouvais près d'elle un malaise, la pauvre femme n'était pas, de son côté, sans deviner que je lui cachais quelque chose, que je restais obsédé par une certaine image.

Sans le dire jamais, elle était jalouse. Jalouse de toi, Manou, et c'est là le plus affreux de l'aventure. Elle était prisonnière de son rôle et devait me mentir jusqu'au bout. Elle l'a fait, avec un courage et un dévouement extraordinaires.

Elle m'a raconté son retour en France. Il faut la plaindre, Manou. Dans cette histoire où il n'y a que des victimes, Claire a été, je crois, la plus durement frappée. Songe qu'en revenant dans cette maison, déjà si pleine de souvenirs insoutenables, elle allait au-devant de la vérité qui l'attendait, depuis des semaines, dans le coffret. Elle avait regagné directement Paris, où elle ne courait aucun risque. Qu'aurait-elle été faire à Londres ? Elle rentrait sans méfiance, heureuse de me revoir bientôt ; mais, auparavant, elle voulait s'assurer que la maison gardait bien son secret, et puis elle avait besoin de reprendre certains objets qui lui appartenaient. Elle jette un coup d'œil partout, s'arrête ici un moment et, ouvrant le coffret, voilà qu'elle découvre ton journal, mes lettres. A l'endroit même où elle avait imaginé le plan qui devait tout sauver, elle apprend que tout est perdu. Le temps de parcourir ces pages pleines d'amour et elle sait que je ne l'ai jamais aimée. Notre liaison, ton manuscrit, la boîte postale, tout lui est révélé à la fois. Elle s'assied, dans ce fauteuil où je suis en train d'écrire. Elle a envie de mourir. Elle a vraiment pensé à se tuer, elle me l'a dit. Pourtant, il lui reste un faible espoir. Tout n'est pas perdu puisque moi, j'ignore toujours pourquoi tu es sortie de ma vie. Je continue à croire que tu ne veux plus me voir. Si je me persuade que tout est bien fini entre toi et moi, si je renonce à toi, Manou, pour toujours, Claire a encore une chance et de sauver son frère et de me garder. Elle reprend peu à peu son sang-froid et pèse le pour et le contre.

Il serait follement imprudent de prévenir Jallu par téléphone. Elle lui écrira, pour le presser de rentrer. Elle le mettra brièvement au courant de la situation. Et, en attendant son retour, elle se substituera à toi, une fois de plus. C'est pourquoi elle réclame ton manuscrit, d'abord. Il lui est facile de le récupérer dans la boîte postale, dont elle a trouvé la clef parmi mes lettres. Ensuite, elle m'appellera au téléphone... Pauvre Claire! Elle sait, pourtant, que rendre vie à Manou, c'est rendre vie à ma passion. Mais, là encore, la nécessité la pousse aux épaules. Pour jouer à fond ce jeu terrifiant, elle rapporte l'argent que je t'ai avancé. Vais-je enfin comprendre que j'ai tort d'aimer une Manou ingrate et égoïste? Hélas! Je t'écris! Et chacune de mes lettres lui prouve que je ne guérirai jamais. Je réponds, au téléphone, et je lui dis des choses qui la bouleversent. Je ne sais pas, moi, que m'adressant à l'une, je parle à l'autre. Je souffre mille morts mais je la tue mille fois. Il faut lui pardonner, Manou.

... Je reprends cette confession qui me délivre. Il est tard. Le parfum des fleurs entre par la fenêtre ouverte. Manou, perdue, retrouvée, perdue pour toujours. Que dire encore? De nous tous, j'ai été le plus faible, le plus lâche. Oui, j'ai été odieux... Mais maintenant, je paie, durement. Je ne cesserai plus de payer.

Jallu s'est suicidé. Remords? Lassitude? Dégoût? Un peu tout cela, je suppose. Il a eu peur. Claire ne souhaitait pas s'étendre sur ce sujet. Elle a également évité de faire allusion à ma fuite. Elle m'a attendu longtemps, et puis elle s'est résignée. Et maintenant, par une dernière ironie du destin, elle s'en va à Téhéran, où son mari est nommé ambassadeur.

Et moi?... Je reste ici, près de toi, Manou. J'écrirai des livres, pour toi. Notre amour recommence.

# J'ai Lu Cinéma

*Une centaine de romans J'ai Lu ont fait l'objet d'adaptations pour le cinéma ou la télévision. En voici une sélection.*

*Demandez à votre libraire le catalogue semestriel gratuit.*

**ANDREVON Jean-Pierre**
**Cauchemar... cauchemars! (1281★★)**
*Répétitive et différente, l'horrible réalité, pire que le plus terrifiant des cauchemars. Inédit.*

**ARSENIEV Vladimir**
**Dersou Ouzala (928★★★★)**
*Un nouvel art de vivre à travers la steppe sibérienne.*

**BENCHLEY Peter**
**Dans les grands fonds (833★★★)**
*Pourquoi veut-on empêcher David et Gail de visiter une épave sombrée en 1943?*
**L'île sanglante (1201★★★)**
*Un cauchemar situé dans le fameux Triangle des Bermudes.*

**BLIER Bertrand**
**Les valseuses (543★★★★)**
*Plutôt crever que se passer de filles et de bagnoles.*
**Beau père (1333★★)**
*Il reste seul avec une belle-fille de 14 ans, amoureuse de lui.*

**BRANDNER Gary**
**La féline (1353★★★★)**
*On connaît les loups-garous mais une femme peut-elle se transformer en léopard?*

**CAIDIN Martin**
**Nimitz, retour vers l'enfer (1128★★★)**
*Le super porte-avions Nimitz glisse dans une faille du temps. De 1980, il se retrouve à la veille de Pearl Harbor.*

**CHAYEFSKY Paddy**
**Au delà du réel (1232★★★)**
*Une terrifiante plongée dans la mémoire génétique de l'humanité. Illustré.*

**CLARKE Arthur C.**
**2001 - L'odyssée de l'espace (349★★)**
*Ce voyage fantastique aux confins du cosmos a suscité un film célèbre.*

**CONCHON, NOLI et CHANEL**
**La Banquière (1154★★★)**
*Devenue vedette de la Finance, le Pouvoir et l'Argent vont chercher à l'abattre.*

**COOK Robin**
**Sphinx (1219★★★★)**
*La malédiction des pharaons menace la vie et l'amour d'Erica. Illustré.*

**CORMAN Avery**
**Kramer contre Kramer (1044★★★)**
*Abandonné par sa femme, un homme reste seul avec son tout petit garçon.*

**COVER, SEMPLE Jr et ALLIN**
**Flash Gordon (1195★★★)**
*L'épopée immortelle de Flash Gordon sur la planète Mongo. Inédit.*

**DOCTOROW E.L.**
**Ragtime (825★★★)**
*Un tableau endiablé et féroce de la réalité américaine du début du siècle.*

**FOSTER Alan Dean**
**Alien** (1115★★★)
*Avec la créature de l'Extérieur, c'est la mort
qui pénètre dans l'astronef.*
**Le trou noir** (1129★★★)
*Un maelström d'énergie les entraînerait au
delà de l'univers connu.*
**Le choc des Titans** (1210★★★)
*Un combat titanesque où s'affrontent les
dieux de l'Olympe. Inédit, illustré.*
**Outland... loin de la terre** (1220★★)
*Sur l'astéroïde Io, les crises de folie meur-
trière et les suicides sont quotidiens. Inédit.
Illustré.*

**GROSSBACH Robert**
**Georgia** (1395★★★)
*Quatre amis, la vie, l'amour, l'Amérique des
années 60.*

**GANN Ernest K.**
**Massada** (1303★★★★)
*L'héroïque résistance des Hébreux face aux
légions romaines.*

**HALEY Alex**
**Racines** (2 t. 968★★★★ et 969★★★★)
*Ce triomphe mondial de la littérature et de la
TV fait revivre le drame des esclaves noirs en
Amérique.*

**ISHERWOOD Christopher**
**Adieu à Berlin** (1213★★★)
*Ce livre a inspiré le célèbre film Cabaret.*

**JONES John G.**
**Amityville II** (1343★★★)
*L'horeur semblait avoir enfin quitté la mai-
son maudite ; et pourtant... Inédit.*

**KING Stephen**
**Shining** (1197★★★★)
*La lutte hallucinante d'un enfant médium
contre les forces maléfiques.*

**RAINTREE Lee**
**Dallas** (1324★★★★)
*Dallas, l'histoire de la famille Ewing, au
Texas, célèbre au petit écran.*
**Les maîtres de Dallas** (1387★★★★)
*Amours, passions, déchaînements, tout le
petit monde du feuilleton "Dallas".*

**RODDENBERRY Gene**
**Star Trek** (1071★★)
*Un vaisseau terrien seul face à l'envahisseur
venu des étoiles.*

**SAUTET Claude**
**Un mauvais fils** (1147★★★)
*Emouvante quête d'amour pour un jeune dro-
gué repenti. Inédit, illustré.*

**SEARLS Hank**
**Les dents de la mer - 2ᵉ partie** (963★★★)
*Le mâle tué, sa gigantesque femelle vient
rôder à Amity.*

**SEGAL Erich**
**Love Story** (412★)
*Le roman qui a changé l'image de l'amour.*
**Oliver's story** (1059★★)
*Jenny est morte mais Oliver doit réapprendre
à vivre.*

**SPIELBERG Steven**
**Rencontres du troisième type** (947★★)
*Le premier contact avec des visiteurs venus
des étoiles.*

**STRIEBER Whitley**
**Wolfen** (1315★★★★)
*Des êtres mi-hommes mi-loups guettent
leurs proies dans rues de New York. Inédit,
illustré.*

**YARBRO Chelsea Quinn**
**Réincarnations** (1159★★★)
*La raison chancelle lorsque les morts se met-
tent à marcher. Inédit, illustré.*

# Grands auteurs

*Presque des classiques, des auteurs consacrés mais encore et tellement proches de nous.*
*Demandez à votre libraire le catalogue semestriel gratuit.*

## APOLLINAIRE Guillaume
**Les onze mille verges (704★)**
*Une œuvre scandaleuse et libertine écrite par un grand poète.*

## CARRIÈRE Jean-Claude
**Humour 1900 (1066★★★★)**
*Un feu d'artifice des plus brillants humoristes du début du siècle.*
**Lettres d'amour (1138★★★★)**
*Les plus belles pages inspirées par l'amour.*

## CESBRON Gilbert
**Chiens perdus sans collier (6★★)**
*Le drame de l'enfance abandonnée.*
**Vous verrez le ciel ouvert (65★★★)**
*L'injustice, le miracle et la foi.*
**Il est plus tard que tu ne penses (131★★★)**
*L'euthanasie par amour.*
**Ce siècle appelle au secours (365★)**
*Un regard aigu sur notre civilisation.*
**C'est Mozart qu'on assassine (379★★★)**
*Le divorce de ses parents plonge Martin dans l'univers sordide des adultes. En sortira-t-il intact ?*
**L'homme seul (454★)**
*Une tragédie inspirée par le personnage de Mussolini.*
**Je suis mal dans ta peau (634★★★)**
*Après des études à Paris, deux jeunes Africains cherchent à reprendre racine dans leur terre natale.*
**Ce qu'on appelle vivre (851★★★★)**
*L'itinéraire d'une vie fervente et fraternelle.*
**La ville couronnée d'épines (979★★)**
*Amoureux de la banlieue, l'auteur recrée sa beauté passée.*
**Mourir étonné (1132★★★)**
*Au seuil de la mort, Cesbron s'interroge.*

**Mais moi je vous aimais (1261★★★★)**
*Assoiffé d'amour, le petit Yann se heurte à l'égoïsme des adultes, car son esprit ne grandit pas aussi vite que son corps.*
**Huit paroles pour l'éternité (1377★★★★)**
*Comment appliquer aujourd'hui les paroles du Christ.*

## CLANCIER Georges-Emmanuel
   Le pain noir :
1 - **Le pain noir (651★★★)**
2 - **La fabrique du roi (652★★★)**
3 - **Les drapeaux de la ville (653★★★★)**
4 - **La dernière saison (654★★★)**
*De 1875 à la Seconde Guerre mondiale, la chronique d'une famille pauvre qui tente de survivre, à l'heure des premiers grands conflits du travail.*

## CLAVEL Bernard
**Le tonnerre de Dieu (290★)**
*Une fille perdue redécouvre la nature et la chaleur humaine.*
**Le voyage du père (300★)**
*Le chemin de croix d'un père à la recherche de sa fille.*
**L'Espagnol (309★★★)**
*Brisé par la guerre, il renaît au contact de la terre.*
**Malataverne (324★)**
*Ce ne sont pas des voyous, seulement des gosses incompris.*
**L'hercule sur la place (333★★)**
*L'aventure d'un adolescent parmi les gens du voyage.*
**Le tambour du bief (457★★)**
*Cette malade était incurable : Antoine, l'infirmier, avait-il le droit d'abréger ses souffrances ?*

**TROYAT Henri**
**La neige en deuil (10★)**
*Une tragédie dans le cadre grandiose des Alpes.*

**La lumière des justes:**
**1 - Les compagnons du coquelicot (272★★★)**
**2 - La barynia (274★★★)**
**3 - La gloire des vaincus (276★★★)**
**4 - Les dames de Sibérie (278★★★)**
**5 - Sophie ou la fin des combats (280★★★)**
*Entre 1814 et 1870, les amours d'une jeune Parisienne et d'un lieutenant du tsar.*

**Le geste d'Eve (323★)**
*Les histoires les plus invraisemblables ne sont pas forcément les moins vraies.*

**Les Eygletière:**
**1 - Les Eygletière (344★★★)**
**2 - La faim des lionceaux (345★★★)**
**3 - La malandre (346★★★)**
*Dans une famille bourgeoise, l'égoïsme, les appétits et les vices se déchaînent.*

**La pierre, la feuille et les ciseaux (559★★)**
*Un rêveur impénitent lutte avec maladresse contre la passion qui le dévore.*

**Anne Prédaille (619★★)**
*L'amour étouffant d'Anne dévore aussi bien son père que le jeune Laurent.*

**Le Moscovite:**
**1 - Le Moscovite (762★★)**
**2 - Les désordres secrets (763★★)**
**3 - Les feux du matin (764★★)**
*Emigré français en Russie sous la Révolution, il se retrouve exilé à Paris, pris entre deux amours.*

**Grimbosq (801★★★)**
*Un architecte français à la cour du tsar Pierre le Grand.*

**Le front dans les nuages (950★★)**
*Deux femmes mûres découvrent la vie.*

**Le prisonnier n° 1 (1117★★)**
*Nul ne saura qui il est, ainsi en a décidé Catherine II.*

**Viou (1318★★)**
*Cette petite fille transforme en lumière la grisaille de la vie.*

**ZOLA Emile**
**L'assommoir (900★★★)**
*Gervaise, courageuse ouvrière, affronte le drame de l'alcool et de la misère.*

**Germinal (901★★★)**
*Le mineur Etienne Lantier appelle ses camarades à la révolte.*

**La terre (902★★★)**
*Le monde des paysans dans sa réalité terrible et grandiose.*

**Nana (954★★★)**
*Une courtisane sensuelle et subversive.*

**La bête humaine (955★★★)**
*Elle fonce et tue, telle la locomotive folle...*

**La fortune des Rougon (1008★★)**
*«C'était une famille de bandits à l'affût, prêts à détrousser les événements.»*

**Thérèse Raquin (1018★★)**
*La déchéance d'une femme soumise à ses sens.*

# S-F nouveaux talents

*Jacques Sadoul, découvreur infatigable, présente ici une nouvelle génération d'auteurs, pour la plupart inédits. Demandez à votre libraire le catalogue semestriel gratuit.*

**BAKER Scott**
**L'idiot-roi** (1221★★★)
*Diminué sur la Terre, il veut s'épanouir sur une nouvelle planète.*

**BARBET Pierre**
**L'empire du Baphomet** (768★)
*Le démon Baphomet des Templiers n'aurait-il été qu'une créature venue des étoiles ?*

**BOVA Ben**
**Colonie** (2 t. 1028★★★ et 1029★★★)
*David Adams, l'homme artificiel, quitte la splendeur d'Ile n° 1, la colonie spatiale, pour porter secours à la Terre ravagée.*

**CHERRYH Carolyn J.**
**Chasseurs de mondes** (1280★★★★)
*C'était une race de prédateurs incapables de la moindre émotion.*

**DELANY Samuel**
**Babel 17** (1127★★★)
*Le langage peut-il être l'arme absolue ?*

**DOUAY Dominique**
**L'échiquier de la création** (708★★)
*Un jeu d'échecs cosmique où les pions sont humains.*

**ELLISON Harlan**
**Dangereuses visions**
  (2 t. 626★★★ et 627★★★)
*L'anthologie qui a révolutionné en 1967 le monde de la science-fiction américaine.*

**FORD John M.**
**Les fileurs d'anges** (1393★★★★)
*Un hors-la-loi de génie lutte contre un super réseau d'ordinateurs.*

**HIGON Albert**
**Le jour des Voies** (761★★)
*Les Voies, annoncées par la nouvelle religion, conduisent-elles à un autre monde ?*

**KING Stephen**
**Danse macabre** (1355★★★★)
*Les meilleures nouvelles d'un des maîtres du fantastique moderne.*

**KLOTZ et GOURMELIN**
**Les innommables** (967★★★)
*... ou la vie quotidienne de l'homme préhistorique. Illustrations de Gourmelin.*

**LONGYEAR Barry B.**
**Le cirque de Baraboo** (1316★★★)
*Pour survivre, le dernier cirque terrien s'exile dans les étoiles.*

**MARTIN George R.R.**
**Chanson pour Lya** ((1380★★★)
*Trouver le bonheur dans la fusion totale avec un dieu extraterrestre, n'est-ce pas le plus dangereux des pièges ?*

**MONDOLINI Jacques**
**Je suis une herbe** (1341★★★)
*La flore, animée d'une intelligence collective, peut-elle détruire la civilisation humaine ? Inédit.*

**MORRIS Janet E.**
**La Grande Fornicatrice de Silistra**
  (1245★★★)
*Estri vit tous les bonheurs.*
**L'ère des Fornicatrices** (1328★★★★)
*Devenue esclave, Estri recherche le dieu qui l'a engendrée.*

**PELOT Pierre**
**Parabellum tango** (1048★★★)
*Un régime totalitaire peut-il être ébranlé par une chansonnette subversive ?*
**Kid Jésus** (1140★★★)
*Il est toujours dangereux de prendre la tête d'une croisade.*

**PRIEST Christopher**
**Le monde inverti** (725★★★)
*Arrivé à l'âge de 1000 km, Helward entre dans la guilde des Topographes du Futur.*

**TEVIS Walter**
**L'oiseau d'Amérique** (1246★★★★)
*Un homme, une femme, un robot.*

Achevé d'imprimer sur les presses de l'imprimerie Brodard et Taupin
7, Bd Romain-Rolland, Montrouge. Usine de La Flèche,
le 15 février 1983
1951-5 Dépôt Légal février 1983. ISBN : 2 - 277 - 21429 - 9
Imprimé en France

**Editions J'ai Lu**
**31, rue de Tournon, 75006 Paris**

*diffusion*
*France et étranger : Flammarion, Paris*
*Suisse : Office du Livre, Fribourg*

*diffusion exclusive*
*Canada : Éditions Flammarion Ltée, Montréal*

1429
★ ★